U0074036

母親，慢慢來，我會等您

褚宗堯 博士/著

推薦序

涂光敷

人為萬物之靈，「人類」宰制了整個世界與地球。無論是飛禽走獸、花草蟲魚等，無不受到人類的宰制；甚至，人類本身的存亡、地球的變化……也都受到人類自身的摧殘與影響，而走向未知的變遷。

人類自有歷史記載數千年以來，無論是希臘文明、埃及文明、巴比倫文明、中國文明……皆曾經各放異彩。然而，終因權利、宗教、文化、習俗、戰亂等因素，幾經時日的輪盪，而各有興衰。其中，惟能維繫人類於永世相互依靠與共同維生的因子，只有一個字，那就是「愛」。易言之，無論是何種宗教或文化，「愛」始終是牽繫人類能夠在地球永世生存的法寶。

中國自孔、孟以降，對於「愛」的發皇，可說是達到極至。尤其是四書五經，作為典籍而引領世人倡導「天命之性」、「誠意」、「正心」的理想，並以「禮」、「仁」、「孝」、「悌」為立國之本。而「孝」道更是中國自古以來，做人處世的核心價值。國人亦以「孝」為人之當然，深入人心而無敢違逆。惟，近世深受西風東漸之影響，此德已在逆降中，是為治國之隱憂。

孟伍伯問「孝」，子曰：「父母唯其疾之憂」。孟懿子問「孝」，子曰：「無違」。子游問孝，子曰：「今之孝者，是謂能養，至於犬馬，皆能有養，不敬，何以別乎？」。子夏問「孝」，子曰：「色難，有事弟子服其勞，有酒食先生饌，曾是以為孝乎」。「孝」者，彼此之「愛」也。父母養育子女，老來則子女孝養父母，乃人性之本。天道好還，就是人類獨特的美德，禽獸則否。而今之世已邪說變遷，其有孝乎？

前讀宗堯博士所著「話我九五老母」一書後，感其孝行，孝心之誠，侍母之週之密，己足令人讚嘆不已。今再讀「母親，慢慢來，我會等您」一書，再度發顯作者在心靈上所散發的火花，期能引領千萬人踵其足，走向孝親之途。

余年六歲喪母，戰亂流離四方，母墳何在？父墓何存？堯弟能有高齡九十八歲老母，日夜繞膝、侍奉，其樂融融，其愛熾熱，其「孝」令我飲泣。讀完此書，激動不已，是為序。

光敷二姐夫西湖留影

民國一〇三年五月母親節

涂光敷　於　風城新竹

為堯弟「母親，慢慢來，我會等您」序文

褚煜夫

在堯弟前一本「話我九五老母」書中，我寫了兩篇短文：一是「序文」，另一則是「母親九十五歲壽誕宴喜致詞」。我在這兩篇文章中，已經充分表達出我對母親的敬愛與祝福。於此，我就不再贅述了。

在褚家的眾兄弟姊妹們當中，若論對母親的孝順，比起堯弟的所作所為，我們都要自歎不如。坦白說，他不但做到了「孝養」媽媽的「身」，更做到了「孝敬」以及「孝順」媽媽的「心」。

在「話我九五老母」書中的第十一章，堯弟摘述了一篇「孩子，等我一下」的文章，我讀了也頗受感動和啟示，特地把它摘錄一兩段來和大家分享：

「孩子，當你還小的時候，我花了很多時間，教你慢慢的用湯匙、用筷子吃東西；教你繫鞋帶、扣釦子……這些和你在一起的點點滴滴，是多麼的令我懷念不已！……

孩子！現在，我常會忘了扣釦子、繫鞋帶……腳站也站不穩，走也走不動，所以，請你緊緊的握住我的手，陪著我，慢慢地，就像當年一樣，我帶著你一步一步地走。」

這或許就是引發堯弟他，在完成十二萬字的「話我九五老母」後的不到兩年時間，再度提筆寫下十萬字左右的「母親，慢慢來，我會等您」的最大因緣吧！

我這個大哥向來口笨筆拙，未能給堯弟這本新書多所美言，但，由衷誠摯的感謝他，能替我們這些兄姐們，說出我們心中對母親一直想說的話。

最後，讓我們一齊祝福褚家這位勞苦功高的　母親大人

福如東海，壽比南山

母親、大姐、煜夫大哥（後排左二）、三哥、四哥、與我

民國一〇三年五月母親節

褚煜夫 於 風城新竹

拙作「話我九五老母」封面

風日下，人心不古」。

其實，為人子女者能夠報答父母之恩，也不是件多麼了不起的事，而是本份就該做的天經地義之事。只是，今天世道已衰，孝子的孝行反而成為相對罕見的德行。此點，聽來不覺令人遺憾又痛心。

近日，從網路上看到一則資訊，有人對「孝養」的定義加以更深入的闡釋，我非常認同。他把「孝」字進一步解析成為：「孝養」、「孝敬」、與「孝順」等三方面。

必須是這三者並重與並行，才可稱為真正的「孝」。事實上，很多人對父母的孝，只做到「孝『養』」，而沒有顧及到「孝『敬』」與「孝『順』」此二者。如此，尚不足以稱之為「孝」。

因為，「養」只做到「孝養」父母的「身」，供養父母的衣、食、住、行等日常之所需。至於，父母的「心」並沒有照顧到，因此，還談不上真正的孝。只有在「養」父母之外，再加上對父母的「敬」與「順」，也就是，除了「孝『養』」父母之外，還要能夠對他們「孝『敬』」與「孝『順』」，才配稱之為真正的「孝」。

一言以蔽之，所謂「恩則孝養父母」，是既要能「孝養」父母的「身」，又要能「孝養」（「孝敬」與「孝順」）父母的「心」。

只有能夠同時做到孝養父母的「身」與「心」的人，才是真正契悟了「恩則孝養父母」這句話的真實義，也才是一位真正懂得至孝的實踐者。

以上對「孝」的觀點與思維，我非常的認同也奉此為圭臬。事實上，我對母親她老人家的孝行，多年來，也是一直秉持著這些準則。雖然未必完全做得到，畢竟自己的劣根習氣還是很重，但，一路走來，自省的功夫還算不差。

如今，母親已高齡九十八歲，而我自己也已逾花甲之年。有感於現今社會世風日下，人心不古，為人子女者對於孝道之重視，每況愈下，內心不覺既傷感又悲憫。

為此，我發下了一個小小心願，期望能為推行孝道，略盡一些綿薄之力。因此，自前一本拙作「話我九五老母——花甲么兒永遠的母親」出版之後（該書有幸獲選為二〇一三年高雄市立圖書館五月主題推薦書單之一）。非僅深受好評，而且，不少親朋好友及讀者們，亦極力鼓勵我能夠繼續著墨與此相關的下一本書。

雖然平日工作頗為忙碌，但，大家的盛情難卻，為了不負眾望，我還是排除萬難，充份利用閒暇並善用零碎時間，潛心投入這本為母親寫的第二部書。

於是，「母親，慢慢來，我會等您」這本書，終於順利的出現在大家的面前。其實，這時候，我的心情比任何人都還要高興與欣慰。

本書共分為十三章，第一章「母親，慢慢來，我會等您」。我正好以這一章的章名做為本書的書名，其實是有特殊用意的。為的是想提醒天下為人子女者，在面對日漸年邁的母親時，一定要學會放慢自己的腳步。要心存耐性，要秉持愛心，去體諒及配合身心反應都已在逐日鈍化的母親，那才是真孝的展現。

第二章「再老還是母親的孩子」。雖然歲月總是催人老，然而，母親會是我永遠的老母親，而我也會是她永遠的老小孩。可不是嗎？再老，還是母親的孩子。而何其有幸？我這年逾花甲的老小孩，還能有個高齡近百的老母親來疼惜。我，以此為福，也心存感恩，更以此為榮！

第三章「母親，謝謝您生下了我」。我是母親的第九個孩子，在今天，是很少有機會被生下來的。所幸，我和母親之間的母子關係是個善緣，在這一生，我注定要被她生下來。而且，她之於我是個「慈母」角色，而我之於她則是盡力做個「孝子」。對此，我感恩於佛菩薩如此的安排與善待，而且，也非常的珍惜。

第四章「母親是我永遠的偶像」。我向來不是一個會輕易崇拜偶像的人，然而，唯獨母親，我是如此的敬佩、景仰、甚至崇拜她。從小至今，母親的德行、情操、以及太多的事蹟，都足以讓我終身學習及效仿。坦白說，她不僅是我一生的導師，更是我永遠的偶像。

第五章「母親賜給我的無價之寶」。從小到大，我在母親的言教及身教下，耳濡目染，無論是在待人、處事、或心靈等方面的涵養，都受到她老人家很大的影響及助益。對我而言，這些都是母親賜給我的無價之寶。本章針對「圓融的待人哲學」及「睿智的處事態度」兩大類做進一步的闡述。

第六章「母親是我的上師與明燈」。本章承續前章母親賜給我的無價之寶，述及她對我更是受益無窮的「豁達的心靈氣宇」。憑藉著母親賜予的這些觀念與態度，幫助了我在無常的生命與多變的生活中，即使逢遭再艱鉅的問題或困境，也多半能夠迎刃而解。無疑地，母親對我而言，就是我的上師與明燈。

第七章「特別思念母親的日子」。我和母親相處的時光很長，除了一些短暫分別的日子外，幾乎同處一個屋簷下。當母親暫時不同住時，我真的會有幾許落寞與孤寂之感，經常不由得想到母親在身旁的千萬好。而這種特別思念母親的日子，在我的記憶金庫裡，有很多是值得提筆作記的，在本章中我拿出來與大家分享一二。

第八章「能夠常看到母親是一種幸福」。或許你是個常年在外的遊子，也或許妳已經嫁作人婦，或是有其他任何理由，而令你無法經常看到你的母親。但，這些其實都不是理由。別以為自己還年輕，也別以為時間會永遠等著你。在本文中，我描述了多年來每當母親不在身邊時，我對她的思念之情，以及渴望看到她的心境，希望藉此提醒為人子女者，正視「能夠常看到母親是一種幸福」。

第九章「好好珍惜和母親相處的時刻」。母親已經高齡九十八歲，而我這個么兒也已年逾花甲了，還能夠和母親朝夕相處，這得感謝佛菩薩恩賜給我的如此偌大福報。因此，能夠和母親在一起的每一分、每一秒，都顯得更加珍貴無比，我當然要珍惜也更要善加把握。為此，每天清晨起床，才一張開眼睛，我就不忘對自己說：「要好好珍惜和母親相處的時刻」。

第十章「曲意承歡是給母親最好的禮物」。對母親的孝，無論在物質、精神、身體、或育樂方面，即便是量再多、質再好，如果，並非是母親所真正想要的，其實是意義不大的。多年來，我才悟出這個心得：「『曲意承歡』是送給母親最好的禮物」。它，看似平常，却又是知易行難的小道理，願你我共勉之。

第十一章「把母親當做寶來疼惜」。多年來，我早已將母親視為我的寶，正如同孩提時她視我為寶一樣。如今，母親老矣，心態上也隨之「老而小」。為此，母親的身心靈各方面的關懷與照料，我更是把她當做寶來疼惜，為她付出更多的細心、體貼、與耐性。尤其重要的是，我要以最誠摯的愛心，去珍惜與把握和母親的這段善緣和珍貴的共處時光。

第十二章「感謝佛菩薩讓我們做母子」。我和母親之間，既深、且厚、又濃的母子關係，更是一種善緣。對我而言，這是此生最大的幸運，亦是難得的福報。因為，這一生，她注定要來度化我，除了母親，幾乎沒有人能夠讓我這顆頑石輕易點頭。坦白說，她就如同我的佛菩薩般地度我。真的，能夠受教於這樣的母親，我由衷地感謝佛菩薩讓我們成為母子的這個恩典。

第十三章「讓母親永遠留在我心深處」。生命中的任何人、事、物都可能消逝，然而，「記憶」卻是能夠與自己一生相伴的寶貝。我和母親之間的母子情深與孺慕之情，既濃郁又誠摯。這些年來，我花了不少心力在營造對母親的記憶，尤其，透過本章中的七種具體行動，我真的得到了這項珍貴的記憶寶貝，而讓母親永遠留在我心深處。

寫到此，再次回顧我年近百歲高齡的老母親。她的一生充滿著傳奇性：不僅出身寒門，從小就沒有見過父親，而且，前後歷經了兩次不同家庭的養女歲月。雖然面對如此境遇，但，她卻從不怨天也不尤人。

年歲稍長之後，憑媒勺之言，嫁為貧窮地主之妻，但，家道卻一貧如洗。隨後，十個子女又先後出生，沉重無比的家計負擔，長期不斷的加諸在她一個弱女子身上。

然而，母親卻能夠隨緣認命，咬緊牙關，憑著她自己無以倫比的堅強毅力，以及天生的聰慧靈敏，終於，提振及興旺了褚家的家運。坦白說，當年如果沒有這位堅強賢慧的母親，就沒有今天的褚家。

褚氏一家雖非名門望族，亦非達官顯貴之家，但，堪稱得上書香門第。在這位偉大母親的愛心澆灌之下，孩子中不乏博士、教授、名師、作家、董事長、總經理……等人才，對國家及社會也有著一定程度的貢獻。

就母親身處的那個艱困年代，以及她極其貧寒的出身來說，單憑著弱女子的一雙手，能夠培育出如此均質的子女們出來，真的不得不佩服她當年的睿智，能夠對子女教育如此的重視與堅持，以及對子女教育的成功。

如今，年近百歲的母親老矣，我也已逾花甲之年。每當夜闌人靜時，總思及欲盡所能，想將此母子情深以及對母親的孺慕之情，繼前部拙作「話我九五老母——花甲么兒永遠的母親」之後，希望再藉由本書「母親，慢慢來，我會等您」，進一步暢所欲言。

本書的書名背後是有意義的，靈感來自於多年前，一篇不到五百字的短文「孩子，等我一下」（此文由永和耕莘醫院牧靈室翻譯，以及天主教失智老人基金會提供）。

短文的內容代表著一位遲暮老人對自己孩子，內心深處的心聲與吶喊，既無助又感企盼。例如文中的「……所以，當我想不起來，接不上話的時候，請給我一點時間，等我一下，讓我再想一想……極可能最後連要說什麼的，我也一併忘記！」以及「……孩子！如今我的腳站也站不穩，走也走不動，所以，請你緊緊的握著我的手，陪著我，慢慢地，就像當年一樣，我帶著你一步一步地走。」

這些內容，每每讀來，都會令我感觸萬分。我不僅感動於這些話語，也更感謝它們即時帶給了我對孝順母親的一些省思、靈感、以及具體做法。

尤其，對我更深具意義的是，這篇短文的題目「孩子，等我一下」，啟發了我對第二本拙作書名的靈感。由於它們正好彼此相為呼應，因此，讓我很順利地將本書定名為：「母親，慢慢來，我會等您」。我一直認為，這是個頗為貼切又深富意涵的書名。

於此，我想藉韓詩外傳中所云：「樹欲靜而風不止，子欲養而親不待」，奉勸天下所有人子，要即時珍惜及把握和父母的這一世情緣。因為，往往錯過了，就再也無法回頭；而即使想回頭，卻總是回頭太遲。

我的母親——褚林貴女士

然而，只要有心想做的話，就永遠不會太遲。一個最簡單的心思，一句最平常的話，一個最立現的行動，便是向你的母親展現你內心深處最誠摯的孺慕之情——「母親，慢慢來，我會等您！」

這事並不困難，沒有道理你做不到。只要，你有心。願：你我共勉之！

本書能夠順利付梓，我要特別感謝吳淑敏小姐及范雨帆小姐，她們倆利用工作餘暇，為我進行文稿的繕打、校訂、與整理；還有秀威資訊公司的羅加宜小姐，她在本書的編輯及挑版型上給予很大的協助。在此，我向她們致上由衷的謝意。

女兒文定時我與母親合影

最後，我再度秉持著和前次為母親所寫「話我九五老母——花甲么兒永遠的母親」一書的赤誠，謹以此書呈獻給：我一生的導師以及永遠的母親褚林貴女士。感謝她老人家，對我一輩子無始無邊以及無怨無悔的生我、鞠我、長我、育我、顧我、度我……，並向她老人家說聲：

「母親，我愛您！」

民國一〇三年五月母親節

褚宗堯　於　風城新竹

目次 contents

第1章

母親，慢慢來，我會等您

我正好以這一章的章名做為本書的書名，其實是有特殊用意的。為的是想提醒天下為人子女者，在面對日漸年邁的母親時，一定要學會放慢自己的腳步。要心存耐性，要秉持愛心，去體諒及配合身心反應都已在逐日鈍化的母親，那才是真孝的展現。

「孩子！當你還小的時候，我花了很多時間，教你慢慢的用湯匙、用筷子吃東西；教你繫鞋帶、扣釦子，溜滑梯；教你穿衣服、梳頭髮，擤鼻涕；這些和你在一起的點點滴滴，是多麼的令我懷念不已！所以，當我想不起來，接不上話的時候，請給我一點時間，等我一下，讓我再想一想……極可能最後連要說什麼的，我也一併忘記！

孩子！你記得我們練習了好幾百回學會的第一首娃娃歌嗎？是否還記得總要我絞盡腦汁去回答不知從哪兒冒出來的『為什麼』嗎？所以，當我重覆又重覆說着老掉牙的故事，哼着我孩提時代的兒歌時，體諒我，讓我繼續沉醉在這些回憶中吧！切望你，也能陪着我閒話家常吧！

孩子！現在，我常忘了扣釦子、繫鞋帶。吃飯時，常會弄髒衣服；梳頭髮時，手還會不停地抖。不要催促我，要對我多一些耐心與溫柔。只要有你在一起，就會有很多的溫暖湧上心頭。

孩子！如今我的腳站也站不穩，走也走不動，所以，請你緊緊的握着我的手，陪著我，慢慢地，就像當年一樣，我帶著你一步一步地走。」

以上這一篇不到五百字的短文「孩子，等我一下」，是多年前由永和耕莘醫院牧靈室翻譯，並由天主教失智老人基金會提供的。

我是在一次偶然的機會，由網路上閱讀到的。雖然也忘了是誰好心轉發到我的電子信箱，不過，當時隨即將它轉存到電腦資料庫裡，並列印了一份，隨身攜帶在我的手提箱中。

經常，我會將它拿出來朗讀。雖然，簡單的內容早已是滾瓜爛熟的了。但是，我却一看再讀，永不厭倦。

原因其實很單純，經常看它，只是為了提醒自己；而出聲朗讀，是為了鞭策自己，要起而行之。畢竟，我的老母已是九十八歲高齡了，我當然更須好好把握住寶貴的時光。

我當然早已忘了在我小的時候，母親是如何教我用湯匙喝湯，以及如何用筷子吃東西的。而當時的我應該總是，將碗裡的湯濺了滿身，飯菜也掉了滿地，這些情景自然是可想而知的。

直到我自己的兒女出生之後，也才有機會目睹這種情景。只不過，這個時候，角色異位而已。我扮演的是父母的角色，而孩子則是我撫育的對象。

不過，說實話，那時候我還年輕，覺得生兒育女的教養，是為人父母天經地義該做的事，從不認為這樣做有何偉大之處。當時，也正忙着事業，對於和子女間的親情互動，坦白說，感受並沒有那麼地深刻。

直到，嫁了女兒有了外孫。說也奇怪，感受不一樣了。或許是花甲之年的我，年紀大了，心境不同了；也或許是工作不再是生活中最大的重心。突然發現，與孫子的互動，竟然和當年與兒子或女兒的互動，有着很大的不同。

其中，最大的差異是，你會更有耐性，也願意花更多的時間，去伴隨他及教導他。這時候，前面那篇「孩子，等我一下」文中所描述的場景，既自然又生動地浮現在我的眼前。

我和內人確實花了很多的時間（其實主要還是我內人在做，而我在旁邊幫忙），教我們的外孫，慢慢的學會用湯匙，教他溜滑梯，也幫他繫鞋帶、扣釦子、梳頭髮、擤鼻涕。

一時間，才猛然想到，當年我和小外孫一般年紀時，我的母親不就是這樣地照料着我嗎？不僅耐性十足、而且充滿愛心。而在她的呵護及眷顧之下，讓我得以順利地長大成人。

其實，今天我對小外孫及當年對自己女兒和兒子的關愛之情，與母親在我小時候對我的付出，並無二致。就像前文「孩子，等我一下」文中所言，天下一般父母親，對子女們都是如此的心情與態度。

只是，天下一般子女們，又是如何地對待自己的父母呢？

或許，每一個子女都早已忘了，他的第一首娃娃歌是父母親教的；也早已忘了，誰能夠那麼有耐心地陪伴着你，重覆幾百回地練習着那些其實是很單調的兒歌。

當然，你必然也早已忘了，小時候自己所提出的層出不窮的「為什麼」問題？而又是誰能夠耐着性子、絞盡腦汁地去回答你的這些問題呢？

這些種種的過往，真的是往事如煙，而輕易地，大家也都把它淡忘了。不怪你會忘了，因為，我也忘了。直到…………，有一天，一個機緣，一個喚起記憶的種子……，帶著我穿梭在記憶的甬道……。

母親今年高壽九十八歲，而我，她的么兒，也已經六十三歲了，她老人家整整大我三十五歲。我很喜歡「35」這個數字，不僅因三十五的筆劃是個吉數（我的姓名總劃數也是三十五劃），其實更具意義的是，如前所述，我和母親年歲的差距，也正好就是這個數字。

我試着從母親在我這個年齡時（六十三歲）的時空場景來看她，那年我二十八歲，正好也是我和內人結婚的次年。說實話，當時我並不覺得母親有多老，正如同此時的我，也並不覺得我自己有多老。

因此，對於前文「孩子，等我一下」所寓教的「身為子女對父母應有的孺慕之情」，坦白說，當時的感受並不深刻，自然也就沒有做更進一步的思維。

然而，時光的飛逝，就像出了弓的箭，三十五年的歲月，竟然就在一剎那間翻頁而過。母親已然九十八歲高齡，而我也跨入了昔年我剛結婚時她的年齡，成為一個花甲之年的老者。

雖然萬般不想承認自己是個老者，但，從時下年青人的眼中來看，我們早已被定義為「ＬＫＫ族」了。這不單是從身體外貌來看，就連觀念與行事風格，也被歸為古板一族。

總之，連我都已成為被敬老尊賢的對象了，更何況大我整整三十五歲的母親呢？就這麼大年歲的母親而言，我不得不承認，她確實是老了。

尤其是，在八年前我獨自帶著她到日本立山黑部旅遊之後，就未曾也不敢，再獨自帶她到國外旅行了。換句話說，立山黑部之行，可說是她最近的一次國外之旅。

我印象極為深刻，那年，她正值九十高齡，而我也已經五十五歲了。母親和我包辦了全團中年紀最大的前兩名。所幸，當年母親雖然年歲頗大，但，身體依然硬朗。因此，我們母子倆在整個行程中，玩得既順利又愉快。

（有關立山黑部之行的詳細內容，以及我和母親之間溫馨親情的互動，在拙作「話我九五老母——花甲么兒永遠的母親」中，有詳實的描繪，在此不加贅述。）

至今，最令我惋惜的是，從那次日本立山黑部之旅後，真的，就再也沒有機會，如往常般的陪伴她到國外旅遊了。

此點，誠然也是母親最感遺憾之事。因為，她老人家生性豁達，喜好旅遊。我曾經幫她統計過，至今，她所到過的地方已然有二十三個國家之多。就一位出生在民國六年，舊世代的女性來說，這確實是一件難得之舉。

如果體力允許的話，相信她必然會繼續走下去。可惜的是……

回想起民國九十五年的春天，我帶着已年屆九十歲高齡的老母親，悠遊在日本神山——立山的山頂。老母親右手拄著拐杖，我則在一旁攙扶著她的左手。

「怎麼辦？阿堯！他們都走在很前面，我們落後得太遠了。趕快，我們加快腳步趕上去吧！」

「沒關係，媽！慢慢來，我會等您！」為了安她老人家的心，我不急不緩地回應她，並告訴她：「我已和領隊打過招呼，別等我們，我們會及時趕上，只是會稍慢些而已。」

就這樣，我們母子二人，相互攙扶，一步一步地走著，走在立山的五月天。啊！那是何等的溫馨，又是何其感人的畫面？

母親和我於日本立山黑部水庫

當時，我祈求著上天，希望能夠再次恩賜我有這樣的機緣與福份和母親出遊。而這些年來，我也不斷渴望著這畫面的再現。

然而，日復一日，年復一年，這七、八年以來，母親的身子已不像九十歲以前的她，那麼的健康與硬朗。這些年來，母親曾經罹患過心律不整、腰椎第二節壓迫性骨折……等慢性病，因此，她的行動力也再不像九十歲以前那麼的靈活穩健了。

甚至，一般的生活起居，也需要仰賴外勞來幫忙照應她。在這種情況下，我當然也不敢掉以輕心，長途跋涉的國外旅行也就只能暫時打住了。

畢竟，母親是我這麼多位兄姊們所共有的，而不是單屬於我一個人的。因此，有些重大事情，我其實是無權擅自作決定的。

就此，在日本立山黑部之行後，母親再也沒有出過國旅行了。換言之，雖然我一直祈求與渴望著上天，能夠再次恩賜我這種機會。但是，看來，我的期待似乎只是一種奢望。

不過，我仍然感恩於上蒼，祂早已惠賜了我很大的福份，讓我能夠在母親高齡八十歲至九十歲之間，曾經五度親自帶著她到以下的幾個國家旅行，包括：

八十歲時（民國八十五年），我帶着妻子及兩個孩子，伴隨著母親至北歐四國（挪威、瑞典、芬蘭、及丹麥）與俄羅斯。這是在她八十歲以後，我第一次帶她出國旅行。尤其，能夠三代同遊，可謂天倫情深。

五年後（民國九十年），她正值八十五歲，我一個人帶着她首次到中國上海旅行。在著名的上海灘前，母子同行，望穿萬般繁華的街景，留下了不少難忘的回憶。

母親與我首次同遊上海

三代同遊北歐四國及俄羅斯

北歐四國及俄羅斯全體團員

事隔一年（民國九十一年），母親八十六歲，我二度帶着她重遊上海。這回，我們造訪了不少上次沒能到往的特殊景點與名勝。尤其，在東方明珠塔上俯望眼下的黃浦江，當時母子二人心情不亦快哉。

民國九十二年，母親雖然已高齡八十七歲了，我排除萬難毅然決然地，又單獨帶着她，到她早已夢寐以求的日本北海道去，一償她多年的宿願，並共享極其珍貴的溫馨親情。

與母親上海二度重遊（旅館前公園）

即便是在三年之後，母親更是高齡九十歲了，但，我認為她體力及精神仍佳。為此，我緊緊抓住了機會，再度一個人帶着她到日本的立山黑部去旅遊。在日本的神山「立山」上，讓我得以向母親表達內心深處的孺慕之情。

日本立山黑部水壩橋上與母親合影

與母親同遊日本北海道

與母親同遊日本立山黑部入住五星級加賀屋飯店

上述多次陪伴母親至國外的旅遊經歷，說實話，在我的記憶庫裡頭，創下了不少歡樂時光與精采片段。對我，絕對是彌足珍貴的，而且，為我留下了許多日後得以緬懷的難得憶往。

至今回想起，那些每一次與母親同遊的經歷時，我很為自己高興在當時都能夠那麼果斷地下定決心。因為，擺在眼前的其實有不少需要顧慮之處。而如果當時我稍加遲疑的話，或許那些珍貴的回憶就不可能促成了。

因此，我真的要很誠懇地感謝上蒼，感謝祂的眷顧與恩賜，讓我有勇氣並果決地去做這件事。尤其，祂惠予了我如此偌大的福份，讓我在母親八十歲至九十歲之間的高齡，能夠五度與她同遊國外，而且一切行程都既平安、順利又暢懷。

這樣的福報，絕非一般人所能輕易得到。我在想，我何德何能？上蒼對我如此眷顧。而如果要勉強提出自己的一點可取之處，或許，我真的還算是一個「事母至孝的人」。關於此點，也是在親朋好友對我的肯定之下，我也才敢在此處稍加提起的。

無論如何，這份上蒼賜予我的福報，我不僅要感恩，而且要懂得珍惜。真的，今天對一個已是花甲之年的我，還能夠有著一位高齡九十八歲的老母親可以孝順，這絕對是我一生中最難得與最大的福報。

為此，我把這惜福的心念，轉化成為具體的行動，因而，有了前述彌足珍貴與母親五度國外同遊的回憶。這些回憶何其無價？是任何一個人即使花再多的錢財，也是無法買得到的寶物！

然而，今天回想起來，總覺得，我還是做得太遲了些。如果，我能夠再往前推個十年，相信會有更多、更美好的回憶。可惜的是，人似乎總是在年歲增長之後，才驚覺自己蹉跎了多少歲月，以及錯失了多少當時就該把握住的機緣。

真的，千萬別讓你的母親等得那麼久，因為，遲早有一天你定會後悔。尤其，當你在有點年紀的時候，更會後悔莫及。真的，絕對要及早醒悟：「樹欲靜而風不止，子欲養而親不待」這句千古名言的深處意涵。

我算是較早體悟這句話的人，但，總認為自己還是醒悟得太晚了些。如果能夠更早，或許我就能夠做得更好也更多。

我永遠忘不了在她八十六歲時，我帶着她上海二度重遊，坐在上海「金茂大廈」第54層樓的西餐廳，一個靠窗的桌位。我替母親點了一壺紅茶，自己則叫了一杯咖啡。

當時正值夜幕低垂，華燈初上，精彩的浦東夜景緩緩上演。我們母子倆隔著窗鳥瞰着黃浦江、陸家嘴周遭的高樓大廈，以及對角的東方明珠，它們在五顏六色的霓虹燈輝映之下，真是光彩奪目、美不勝收。

和母親在上海浦東的金茂大廈54樓西餐廳飲茶

和母親在上海登上東方明珠塔頂的票根

我望着母親，她的眼眶泛出了一絲淚光，用一種似感動又似感謝的眼神投向我，此時此刻，我知道她老人家的內心是欣慰的。

「謝謝你，阿堯！我的心裡現在感到非常地滿足！」她告訴我，年輕時候的她，從未曾想過會有這麼一天，能夠有這樣的機緣，在上海經歷這麼棒的體驗。

啊！母親不說還好，這麼一說，反而令我更加慚愧。為此，我的內心不斷地在自責：「媽，我怎麼讓您等了這麼久？」「您都已經86歲了，我應該更早帶您出來走走才對！」

而這也是在上海二度遊之後的幾年，我更懂得要積極帶她到日本北海道（87歲）、立山黑部（90歲）旅遊的最主要原因及推力。

尤其是「立山黑部」這次行程，更是令我終生難忘。因為，從那次以後到今天，已經整整八個年頭了，我都還沒有機會帶她老人家再次出國同遊。

我依稀記得，「加賀屋、立山黑部峽谷五日『尊爵版』」之旅，在民國九十五年的五月四日下午，劃下了一個完美的句點。我挽著母親，緩步地搭上了下午二時十分的飛機返台。

依照往例，每次和母親出國搭飛機時，我總會將靠窗的位置留給她坐。她會像一個永保赤子之心的孩子，坐在窗口，好奇地飽覽著窗外的一景一物。

母親坐在我的左側，我注視著她望著機窗外專注的神情。發現，這五天下來，她的體力和精神仍然是那麼地好，心情也始終保持着輕鬆、愉悅。

啊！母親真是天生的旅行家，我敬佩您！也以您為榮。

突然，內心裡一股暖流油然而生，我激動得眼淚幾乎奪眶而出。

這個眼淚當然不是因感傷而流，而是為了感動和感謝。

感動的是，母親和我這份濃郁的母子情深；而感謝的是，上天賜予我能夠報答母親的這份珍貴福份。

總之，以上種種與母親出國同遊的歡樂時光，不僅讓我既感動又感謝，而且，我還無時不刻地渴望著那些畫面的再現。只可惜，事隔已過八載……。

其實，我不是不滿足，而是，我常常在想：如果我能夠更早也更用心地去做的話，母親這一生中，如此歡樂的時光，坦白說，是可以再多幾回的。為此，我內心不由地再度吶喊著：

「母親！我怎麼讓您等了那麼久呢？」

如果，我把時間再往前推……，如果，我能夠更早想到，應該經常帶著母親出國走走……。我想，我就不會有此時此刻的失落與遺憾了……。

因為，九十八歲高齡的母親，雖然神智依然清晰明朗，但，行動已經遲緩了，反應也不再像九十歲時那麼地靈敏與俐落了。今後，我若想再度帶她出國旅遊的話，除非是佛菩薩恩賜，否則，那已不是一件容易的事了。

為此，我改變了自己的思維與做法。既然，母親的反應已經沒有那麼俐落了，我也該放慢自己的腳步；她的行動既然已經遲緩了，我當然應該更有耐性地陪她、等她。

一言以蔽之，我經常提醒自己這句話：「母親，慢慢來，我會等您！」

雖然，母親的年歲逐日逐月地增長，但，我以「一寸光陰一寸金」的心態去珍惜它。

一分鐘我當成一小時來用，一小時我當成一天來用，一天我當成一個月來用，而一個月我就當成一年來用。

換言之，時間如果從某個角度切入，其實是相對的。而我把時間放慢，其實也就是把時間拉長了。抱持著這樣的心態，我發現到，每當我與母親相處的時候，居然感受到時間的無限延伸。真是可喜！

這樣的思維與做法，靈感其實是得自於本章前言所摘述的：「孩子，等我一下」一文。我感動於這篇短文，也更感謝於它帶給我對孝順母親的一些省思、靈感、及具體做法。

為了與這篇值得推廣的短文相為呼應，我把自己這些年來，和母親朝夕相處的互動與應對經驗，也用類似的語氣及句型來敘述，藉此，聊表我與母親之間濃郁的孺慕之情。

「母親！當您年紀已經老的時候，我願意花更多的時間，協助您慢慢的用湯匙、用筷子吃東西；幫您穿鞋子、扣鈕子，推輪椅；幫您穿衣服、梳頭髮，剪指甲。

因為，這些和您在一起的點點滴滴，以後都會成為，讓我永遠懷念不已的珍貴憶往。

請您放心！每當您想不起事來，或是接不上話的時候，我一定會留給您更多的時間，等您久一些，讓您再想一想……即使最後，您連要說什麼也一併忘記了，我也不會在意。

母親！我永遠不會忘記您曾教過我好幾百回，而才學會的第一首娃娃歌。我也還有印象，小時候您經常要絞盡腦汁，來回答我不知從哪兒冒出來的好多『為什麼』的問題。

所以，當您重覆又重覆地說着老掉牙的故事，哼着您自己孩提時代的兒歌時，我會很有耐性地體諒您，讓您繼續沉醉在那些回憶中。也請您放心！我會很樂意地，經常陪着您閒話家常。

母親！我知道，現在的您，經常會忘了扣鈕子、戴假牙。吃飯時，也會掉些飯菜、弄髒衣服；梳頭髮時，手還會不停地抖。但，請您放心！我不會催促您，我會對您多一些溫柔與耐心。

因為，只要能夠與您在一起，就會有很多的溫暖，湧上我的心頭。

母親！我知道，如今您的腳站也站不穩，走也走不長遠。但是，請您放心！我會緊緊地握住您的手，陪着您，慢慢地，就像當年一樣，您帶著我，一步一步地走……。」

寫到此處，我還是想再度提醒大家，千萬要記得韓詩外傳中所云：「樹欲靜而風不止，子欲養而親不待。」

奉勸天下所有為人子女者，要即時珍惜與把握住，與父母的這一世情緣。否則，往往因為錯過一時，而可能造成終生的遺憾。

要深切的認知，在人生的旅程中，有許多事情一旦錯過了，就再也無法回頭；而即使想要回頭，卻也已是回頭太遲。

其實，最簡單的一個思維，最平常的一句話，最立現的一個行動，便是向你的母親展現你內心深處誠摯的孺慕之情——

「母親！慢慢來，我會等您！」

雖說它只是一個很簡單的思維，很平常的一句話，也是一個很容易實現的行動，只可惜，知易卻行難。偏偏有太多太多的人根本沒有想到，或想到卻沒有實際做到。其實，是沒有道理說做不到的，只要，你有心。

可別忘了，有一天你終將也會變老。

願：你我共勉之！

第2章

再老還是母親的孩子

雖然歲月總是催人老，然而，母親會是我永遠的老母親，而我也會是她永遠的老小孩。可不是嗎？再老，還是母親的孩子。而何其有幸？我這年逾花甲的老小孩，還能有個高齡近百的老母親來疼惜。我，以此為福，也心存感恩，更以此為榮！

一個已過花甲之年的人，算不算老呢？

我在年屆半百的時候，女兒和兒子都已經視我為「老頭子」了，更何況現在已過花甲之年。雖然，我還是不願承認自己老了，但，不得不接受時下一般人的眼光，確實已把我們歸為「老者」一族了。

不過，我這樣的老者，在高齡九十八歲的老母親心目中，卻永遠只是一個孩子。即便是，我已經當外公了，但，對她老人家而言，我仍然還是一個孩子，只不過，更成熟些而已。

我想起了民間留傳的二十四孝中，老萊子「彩衣娛親」的故事。它不僅發人深省，而且，更是現代人應該起而效之的孝行。

據聞，老萊子是春秋楚國人，七十多歲時，父母依然健在，這真是難得的福報。為了避免父母親憂心自己的年華老去，老萊子從不在父母面前言老。

甚至，他經常披上兒童穿的彩裝，在父母面前，模仿孩童的天真。或歌、或舞、或敲鼓，希望取悅於雙親，讓他們開懷大笑，而暫時忘了自己的年老。

這正應驗了一句很平常的話：「在父母的面前，我們永遠只是個孩子」，而無論我們的年紀已有多老。

可不是嗎？別以為我們長大了，翅膀硬了，或已是為人父母甚至祖父母了，就忘了自己還是父母心目中的小孩。事實證明，十個人中至少有八、九個人，犯了這種毛病而不自覺。

然而，兩千多年前的老萊子，即使已是高齡七十歲，却仍然以赤子之心，為我們演出了「彩衣娛親」的這段孝行。啟示我們，兒女的赤子之心是慰藉父母的最佳處方。

因此，如果你的母親老是把你當成孩子看待，這時候千萬別感到厭煩，因為，有一天，當你年華老去，角色易位時，你也會以如此心態對待你的兒女。

其實，你非僅不該感到厭煩，甚至，更要順勢配合演出。因為，如果你能這樣做的話，無形中，也會提升年邁母親對其自我價值的肯定。

而我，就是一個以此為樂的「老孩子」。

這幾年來，我已養成了每天帶便當在辦公室用午餐的習慣，飯菜就是前天晚餐多備的一份。一方面，我可以省下用午餐的時間（我在辦公室裡準備了一個小冰箱及小電鍋，只要加個水按一下開關即可，既省事又方便）。

另方面，外食的菜餚我已經越來越不習慣，因為，口味既重又油膩。而我從家中帶來的午餐，既清淡又符合養生原則。況且，便當的內容及份量，都是由我自己決定及裝添的，可以隨心所欲，倒也頗覺自在的。

只是，經常會發現，有些菜餚記得昨晚我並沒有放進便當裡，用午餐時卻突然出現。起初還懷疑，自己的記性會有這麼差嗎？後來，經我向照顧母親的外傭瑞塔詢問，才恍然大悟。

原來，母親經常看我在裝添便當的時候，即已發現我吃得太過清淡了，怕我營養不夠，便逕自要求瑞塔幫我再添入一些食物。時而魯蛋、煎魚，時而豬肉或大哥買來孝敬她的吻仔魚乾，深怕我營養不良似的。

這也難怪，我們四個兄弟中的身材，就屬我最苗條了。但，在老母親的眼中，我不是苗條而是瘦弱。因此，在愛子心切的慈母心態下，她就出此奇招來關照我。一開始，我也曾經婉拒過她的好意，並找出很多理由想說服她。但，母親並不理會我，依然我行我素地要瑞塔依照她的指示去做。因此，每當我打開飯盒時，經常就會有意想不到的加菜。

久而久之，我習以為常，也就欣然接受了。我在想，母親撫養我們十個子女，經驗十足，這麼做一定有她的道理。

雖然此刻的我，已然是兩個外孫的外公了，但，在老母親的眼中，我卻永遠還只是她當年的小小孩。其實，我早該深深體悟這一層簡單的哲理，好好去享受：「一個老小孩依然能夠被老母親疼惜的幸福與愉悅」。

「阿堯！這裡有『松竹梅』壽司屋的花壽司及手卷，很好吃，晚餐時你就先吃這些吧！」母親以慈祥的眼神和藹地對我說。

哇塞！三個花壽司、一個手卷外加一碗豆花，這已經超出我晚餐的份量了，吃完這些之後，我絕不可能再去食用正餐了。

據外傭瑞塔告訴我，那些食物都是當天姊姊們來探望母親時，順便攜帶過來一齊食用的午餐，她們每個人都有一份。只不過，母親每次都佯稱自己食量小吃不完，總是留下了一大半。等我下班回來用晚餐時，她就迫不及待地催我吃。

我當然知道，她並非吃不完，而是捨不得吃，刻意留下了一些來與我分享。前幾次，我拒絕了她的好意，也佯稱自己並不喜歡這些食品，便逕自用起了晚餐來。為的是，希望下次她自己享用就好，而不必特意留給我。

不過，好幾次我發現她有著失落的表情，讓我覺得有些於心不忍。畢竟，這是她對我表達關愛及善意的一種方式。無論如何，母親的好意我實在不該那麼直接地就拒絕了。

「好吧！媽！我來品嚐一下這些壽司，看看是不是好吃？」後來，我態度一百八十度大轉變地對她說。

甚至，索性當着她的面，以一種頗為滿意的表情很快地吃完這些壽司，並向她說：

「媽！沒想到，這些壽司及手卷竟然比我想像中的還好吃！謝謝您特地留了一些給我。」

她看着我大快朵頤的吃像，眼神既慈祥又滿意，頓時，我也跟着她高興起來。而一高興，就吃得愈起勁。這時候，母子盡歡，何樂不為呢？

自此以後，只要她留東西給我吃，我都照單全收，絕不與她討價還價。即使份量多了一些，我也會對她說，我分兩次吃，待會兒一定吃完它。

我總是這麼想，都已是這麼大把年紀了，還能夠有個老母親把我當成孩子般地疼惜，這是何等偌大的福報啊！我豈有不珍惜之理？媽！我由衷地感謝您！

「阿堯！今天的天氣很冷，上班要多穿點衣服，免得感冒了哦！」

看！我都已經是一甲子的年紀了，母親似乎還是把我當成三歲小孩般地看待，深怕我不懂得照顧自己似的。尤其是冬天寒流來的時候，更是再三的叮嚀我。

其實，冬天上班的日子，我每天從自家大廈的地下室車庫開車出門，到辦公室的車程不過是2公里以內。抵達之後，也是停在公司大廈的地下室停車場。車程既不遠，下車後更不需經由戶外，就可進入我的辦公室。

因此，冬天即使天氣再冷，我也不至於受到太大的風寒。更何況，我的體質本來就不太怕冷（三十幾年來，我就未曾穿過衛生衣）。坦白說，台灣冬天的氣候，我反而是比較能夠適應的。

話雖如此，可是母親愛子心切，總是對我噓寒問暖地。一開始，我還會和她爭論：「媽！您別管我啦！我根本不怕冷，不需要穿太多的衣服。倒是您自己年紀大了，才需要穿較多的衣服呢！」

結果，她完全不理會我的回應。每次我要出門上班前，她總是不忘再三的叮嚀我：「阿堯！有沒有多穿點衣服啊？圍巾帶了沒？聽氣象局報導，傍晚會有另一波寒流抵達台灣，溫度會降低五度左右，要注意保暖，才不會感冒了。」

她根本無視於我也已是六十出頭的人了，始終還是把我當成不懂得照顧自己身體的孩子看待。

後來，我終於想通了。我決定要對她老人家完全妥協，遵照她的善意去做。因此，每次她又叮嚀我時，我就回答道：

「媽！多謝您的提醒，我已經多添加了一件羊毛背心，也套上圍巾了。」

說著，我就當著她的面前，把圍巾給圍上。這時，她才頗為放心地對我說：「對嘛！這樣才夠暖和，趕快上班去吧！」

其實，這也是母親對我關愛的一種表達方式，而這種互動，讓她感覺到她的母愛依然熱力未減。尤其，這種天性之愛，更令她感覺到生命力的無窮意義。

說實話，再老，還是母親的孩子。我已經很能夠享受，那種身為一個老小孩，卻依然能夠被老母親疼惜、關愛的感覺。因為，那種感覺充滿着無限的溫馨及暖意，而令你的生命更具意義。

近日，我買了一部「喬山（Johnson）健康科技公司」出產的跑步機——Adventure 2 Plus，原價四萬二千八百元，被我討價還價後，以三萬元成交。

母親原本執意要為我付帳，理由是，這些年來，雖然我共有四個兄弟，但，她卻長住我家，並受我悉心照顧。而為了感謝我，她想送我這部跑步機。

「媽！照顧您本來就是做為兒子的我所該盡的責任，何況，價格又不貴，我自己也買得起。您的好意我心領了，但，您不用送我了。」

「我知道你自己買得起，也曉得你很情願照顧我。但是，你做得確實比別人更費心，也更盡力。真的，讓媽表達點心意，我會更高興、更舒坦些，好嗎？」

我拗不過媽老人家的誠意，只好跟她談條件。最後，達成了妥協，我接受了她贊助我一半的經費，也就是一萬五千元。

其實，有時候，欣然接受對方誠摯的善意，讓對方感到愉悅，也是一種善待對方的回饋方式。的確，我這麼做之後，母親比我想像中還要高興，她看著我每天使用跑步機，滿意在心頭。

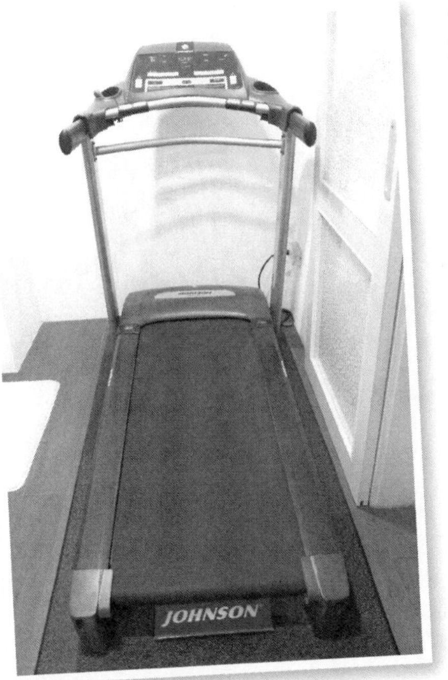

母親贊助一半經費的喬山跑步機

我之所以買這部跑步機的動機，當然是為了運動。因為，這幾年以來，上班時間佔了我生活中的大部份，而向來愛好運動的我，居然騰不出固定的時間來運動。因此，我的健康狀況已大不如往昔。尤其，汗流得少，肝功能也出了些問題。

為此，我下定決心買了一部跑步機，每天強迫自己定時、定量的「快步走」。對我而言，毅力與恆心不是問題。況且，這跑步機的經費有一半是母親贊助的。而由於這個原因，無形中也給了我一點必須常使用它的壓力與推力，從另個角度來看，這倒是挺不錯的負擔。

此外，跑步機如果妥善使用及適當保養的話，幾乎是耐久財。當然，我會一直為自己的健康而持續走下去。尤其，既然是母親送給我的，除了有紀念價值之外，更象徵着她會永遠陪伴在我身旁，隨時加持着我也保護著我。

頗富意義的喬山Johnson跑步機保固卡

我謹守著飯後不運動的原則，但是，由於我並不是用跑的，而只是快走而已（大約每小時五公里的速度），因此，通常會在晚餐前或飯後休息四十至五十分鐘左右，我便開始快走個三十分鐘。藉此，每天活動一下手腳筋骨，可以流些汗，而有益於健康。

這時，在旁的母親便會像個嚴格的教練，經常提醒著我：

「飯後已經一小時了嗎？一定要休息足夠才走，否則對腸胃不好。」

「早就過了一小時了，而且超過五分鐘了。媽！沒問題的！」

我每次都騙她，好安她的心。其實，反正也不是激烈的跑步，只是快走而已，對腸胃不會有大礙的。

但，她倒是相當不厭其煩，每次看到我準備運動時，一定會提醒我飯後一小時才能運動的事。毋庸置疑的，這當然也是一位老母親，對她的老小孩關愛的一種方式。

「阿堯！別走得太快了，慢一點」。

我這才剛把跑步機的時速往上調整半公里左右不久，坐在隔間的母親就已從跑帶聲音的不同，發覺我加快了腳步。真是觀察入微，你不得不佩服她的靈敏。當然，這也是她對我體貼的愛心。這個好意我一定得心領，因此，我隨即將跑步機調回了原來的速度。

我遵循一般醫師的建言，六十出頭的年紀，不太需要跑步，快步走反而是安全性較高的運動方式。很快地，三十分鐘一幌即過。我才剛把跑步機關妥，在隔壁房間的母親便喊道：

「時間到了嗎？好像還差五分鐘呢！」

「不會錯的，機器面板上有計時的顯示呢！」

母親既怕我運動量不夠，又擔心我運動過量。而當我終於走完時程之後，她又忙着提醒我：

「趕快把汗擦掉，多喝些水，穿上衣服，以免著涼。」

我索性當着她的面前，一面擦汗，一面喝水。等呼吸稍為緩和之後，又在她的面前穿上了衣服。我知道，唯有這樣做，才能順了她的關心，同時也安了她的擔心。

甚至，我也知道，每當我專心在快步走時，原本在隔壁房間看電視的她，經常會靜悄悄地藉着助行器走來，站在我的背後看着我走路，並時而提醒我別走得太快。

啊！何其感人又何其可敬的天下慈母心？她自己都已是九十八高齡的年歲了，而那一顆愛子心切的慈悲，却是恆常不變，而且是歷久而彌濃。我的內心，除了感恩之外，還是感恩。

「阿堯！便當帶了沒有？也別忘了帶你的手機上班哦！」

自從有幾次我從上班途中，又折回家來拿忘了帶走的午餐便當或手機之後，這句話已經成為上班前我向她辭行時，她一定會再三提醒我的話語。

我在年輕的時候，如果聽到如此的對話，一定會覺得母親太囉嗦了。但是，現在反而會感到一股溫馨暖意在心頭。甚至，我更把這樣的感覺，當做一種無上的享受，享受着一位老小孩仍然被母親關愛的甜蜜親情。

母親一生虔誠信佛，尤其與「南無觀世音菩薩」特別有緣。她幾乎是每天早上都會向觀世音菩薩禮佛、敬頌佛號，不僅時常為十二生肖及普羅眾生祈願，更祈求家中

母親早晚在客廳佛堂虔誠禮佛

母親虔誠供奉的觀世音菩薩佛像

所有親人都能平安、健康。

從小至今，我深受母親的善良及虔誠所感染，每天早晚也一柱清香來禮佛。有時候，正好清晨與她同時禮佛時，也會聽到她口中念念有詞。而在她所祈禱的內容中，也會有特別為我祈禱的部份。

真是太令我感動了！我當然知道她對我的關愛，遠勝於其他人。而我也不客氣地坦承，這些年來，我對母親的照料也算得上盡心盡力了。也無怪乎，對於我她是如此地疼惜。

我深知，對於我的善良及孝行，

她幾乎是很少有不滿的。而唯獨「脾氣」這一事，她頗有微詞。的確，脾氣是我最大的缺點，也是我在做人處事方面最需要改善的地方。

「阿堯！你什麼都好，心地善良、寬宏大量、熱心助人、又善解人意，但，就是脾氣暴躁了些。這一輩子如果能夠做到內調心性，並將脾氣適度改善的話，你將會是一個格局更寬廣的人。」

母親經常提醒並規勸我，一定要特別注意自己的這個缺點，否則，就會像「一粒老鼠屎，壞了一鍋粥」，枉費了自己先前的所有努力。

為此，她每天在禮佛時，總會為我做這方面的祈禱，而且非常的虔誠。我知道，母親是深愛我的。雖然，我還是偶爾會讓她失望，畢竟，改善脾氣並不是一件很容易的事。

但是，自從受了母親的感召之後，我確實改善了不少。我常這麼想，如果我真的如母親所講的，已經是一個不錯的人的話，那麼，我真的不該還留下這個汙點。

尤其，如果我真的孝順她的話，就更不該讓一位高齡已九十八歲的老母親，她還要為我操這個心，不是嗎？

我當然知道，歲月總是催人老。我和母親都會隨着時間的沙漏，一天、一月、一季、一年……地愈來愈老。不過，母親當然也會是一個永遠年長我三十五個年頭的老母親。

換言之，母親會是我永遠永遠的老母親，而我也會是她永遠永遠的老小孩。我覺得，這是件很棒的事。

可不是嗎？再老，永遠還是母親心目中的小孩子。

而我何其有幸？一個這麼老的小孩，還能夠有個老母親來疼惜。

我，以此為福，也心存感恩，更以此為樂！

第3章

母親，謝謝您生下了我

我是母親的第九個孩子，在今天，是很少有機會被生下來的。所幸，我和母親之間的母子關係是個善緣，在這一生，我注定要被她生下來。而且，她之於我是個「慈母」角色，而我之於她則是盡力做個「孝子」。對此，我感恩於佛菩薩如此的安排與善待，而且，也非常的珍惜。

母親出生於民國初年，在那個年代，民風相當保守，節育的觀念並不普及，而且，守舊的農業社會之下，一般家庭仍然有著「多子多孫多福氣」的觀念。

因此，母親在她十八歲出閣之後，直到她四十歲約二十年之間，總共生下了十個子女。如果以男女性別來分的話，她膝下正好有著五男五女。

我的上面有四個哥哥及四個姊姊，而在我之下，尚有一位妹妹。若論排行，我是「五男」，而就整體來說，我則是母親的第九個孩子。

母親和她心愛的子女們（大哥結婚時）

母親和她心愛的子女們（民國83年11月12日攝於老麥照相館）

第九個孩子？這個排行相當後段班了吧？以今天這個年代來說，我是絕對不可能出生的。因此，我要心存感恩地對她老人家說：

「母親，謝謝您生下了我！」

母親在她三十五歲的時候生下了我，男生中我是她的么兒，有句俚語說：「么兒最有奶吃」。這話對我而言倒是滿貼切的，據母親說，直到五歲時，我才真正地斷了奶。

或許這是個主要原因吧，在她的這麼多個子女當中，就屬我和母親之間的緣份最為深厚了。

母親曾經在與我閒聊時，告訴過我，當年她在生下我之後，自己就生了一場大病，而且頗為嚴重的。

我可以想像當時的她，一定是辛苦備至。一方面，已經有那麼多的孩子需要她的照顧，突然又添加了一個出生不久的嬰兒嗷嗷待哺；而另方面，她自己又重病纏身。真不知道母親當年是如何咬緊牙關渡過的？自從知道了這件事以後，我總自責，是因為我的出生，才加重了她的病情的。

為此，我由衷地感謝她，因為，當年為了生下我，她比其他的母親都來得更為艱辛。而我也很早就告訴自己，這一生一定要比別人更加孝順她，才能報答及彌補她當年懷胎十月又辛苦生下我的恩情。

我是在戰後出生的，在那四、五十年代的早期台灣，正處於幾經戰亂及戰後的典型農業經濟社會。因此，台灣當時物質條件方面的極度匱乏，是可想而知的。

而褚家家境之艱困，自然更是毋庸置疑的。試想，就算是一隻老母雞，想要養活十隻小雞，也不是一件容易的事。更何況，以當時分身乏術的母親而言，要同時照顧十個在不同身心階段的子女長大成人，你能想像，那會是何等的艱鉅？

或許是我的胡思亂想吧！如果當年我和妹妹都未曾出生的話，母親所承擔的家計壓力是否能也夠因此而減輕些呢？

雖然，這個念頭於事無補，而且情境也早已事過境遷了。但，對這麼一位當年需要承受如此重擔的弱女子母親而言，至今，做為么兒的我，仍然感到無限的不捨和同情。

我只能說：「母親，您真偉大，也謝謝您生下了我！」

佛學中曾將人與人之間的關係，或父母與子女之間的關係，大致用四個因緣來概括。其一，「報恩」；其二，「報怨」；其三，「討債」；其四，「還債」。

而近年來，在一個偶然的機緣下，我也開始

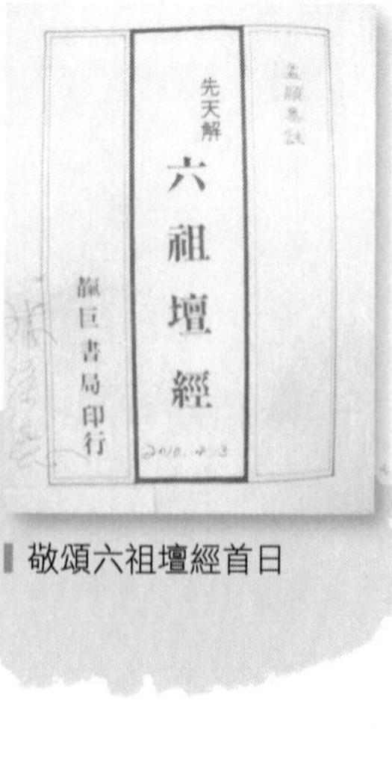

敬頌六祖壇經首日

接觸了佛書及佛經。大約在四年前的四月吧，我開始修習禪宗六祖惠能大師的「六祖壇經」。我一讀再讀，一誦再誦，頗能接受佛家對宿世因緣的說法。

我心中一直認為，前幾世我和母親之間一定有著很深的善緣，否則，這一世怎會和她老人家相處得如此和睦融洽？我並非刻意聳聽，因為，在今天這個世代裡，父母與子女之間關係不佳的例子，實在不勝枚舉。

我很慶幸，自己不在這些例子之中。相反地，我和母親之間的互動非常良好。她加諸於我的種種關愛與疼惜，以及我對她的諸多孝順與敬愛，彼此之間，都是那麼地自然流露，而完全沒有絲毫的勉強之感。

如果拿前述佛學中人與人之間的四個因緣來說，在宿世中，母親必然是有恩於我，而且是恩重如山。而我這一世出生做為她的兒子，應該也是為了對她報恩而來的吧！

過去，我不懂。但，今天我從佛學中逐漸領悟，並且從中得到因緣和合的解釋。我愈想就愈覺得有道理，真的，否則我不會及時趕來做為她的第九個孩子。而且，那一定是宿世的恩情太大了，要我非得在這一世趕快報恩不可。

如果，這一生錯過了這個機緣，真不敢想像，來生何年還會有如此的善緣？而她之於我的恩情，我又欲報何年？或許，冥冥中，這是佛菩薩善意的安排。於此，我萬般感慨地要說：

「母親，謝謝您生下了我！」

坦白說，我經常會想到，身為家中么兒的我，排行老九，是有很大的可能不會被生下來的。換言之，這世間或許我可能未必存在。然而，在因緣和合之下，母親卻注定要生下了我。

母親不僅生下了我，讓我存在於這世間，而且，在她對我一輩子無始無邊，以及無怨無悔的鞠我、長我、育我、顧我、度我、……之下，讓我成為一個堂堂正正而無愧於社會的我。

光是這一份養育恩情，已是我幾輩子也難以報答的了，更何況其他難以訴說的無數珍貴親情。

偶爾，我也會這麼想，如果母親沒有生下我，這世間當然就不會有我。而沒有我的世界，也將不會存在或不發生與我相關的一些因緣和合。

我無意凸顯自己的重要性或獨特性，但，我認為自己還算是社會中的一個良性份子。因此，我試着探討這個有趣的問題——如果，這世間少了一個我，會有怎樣的些許影響？

首先，這社會將少了一位管理學博士。當然，時下擁有博士學位的人不在少數，但，就比例而言，仍然不多。何況我的特點是，理論與實務兼具，而同時具有這兩種專長的人就更少了。

其二，這社會將少了一位管理學方面的指導教授。我在大學任教期間，除了開授不少專業課程之外，同時也指導博、碩士研究生。這些博、碩士生畢業後，分別投入學術界及產業界，並都成為社會裡的中堅份子或一時之選。

第三，這社會也將少了一位深具理論基礎的管理專業經理人。多年前，我從學術界退休並投入企業界之後，除了先後擔任一些企業的董事長、執行長、總經理及首席顧問之外，更培育了不少這方面的管理幹部及實務人才。

第四，這社會也將少了一位業餘作家。我在寫作這方面的文采，泰半得自於我的外祖父及父親。這些年來，我也寫了幾本散文集，都是勵志或淨化人心的生活小品書籍，對時下年青人的心性及觀念養成，也有些許的幫助。

第五，這社會也將少了一位正著力於回饋社會的基金會董事。目前，我義務性地擔任了三家文教基金會及教育基金會的董事。尤其，更在以母親為名的「褚林貴教育基金會」兼任執行長一職，得以更具體地用實際行動去推展一些回饋社會的活動。

第六，這社會也將少了一位有心學佛的在家居士。從小，我就在母親的熏陶之下經常禮佛。而這幾年的因緣愈加成熟，也更能靜下心來聽經聞法及誦讀佛經。每有心得，也樂於與週遭親朋共同分享，並互為饒益，總希望更多人能夠受到佛法的被澤。

以上，我從個人與社會的互動關係切入，想看看這世間如果少了我這麼一個人的話，將會有如何些許的影響？

接著，我也從自己個人的角度切入，倘若，當年母親沒有生下我的話，我個人將會受到怎樣的影響？

首先，我將失去這一世學習佛法的因緣。古印度曾流傳著一個古老故事：一隻又老又瞎的烏龜，要每隔一千年才會從海底深處浮到水面來呼吸一次，而茫茫大海裡正漂浮着一個木頭圈。試想，這隻每隔千年才浮出水面一次的瞎眼老烏龜，正好也將頭伸進木頭圈的機率，會是如何的難得呢？

這故事意味着，人的靈魂要想獲得一個肉身來到這個世間的機緣，正如同那隻瞎眼老烏龜的頭，浮出水面時正好伸進木頭圈的機會一樣的難得。

所以，佛經上說：「人身難得」，也說：「佛法難聞」。一個靈魂想要得到一個人身來寄宿，已屬機緣難得了。如果既已獲得人身，而這個人身又能欣聞佛法，那麼，就更為殊勝了。

我幸蒙母親將我生下來，尤其，如前文所述，在她的子女中我排行第九，此項機緣確屬難得。而從小在母親篤信佛教的言行影響下，我也耳濡目染地跟著拜佛，並隨順因緣地走上了聽經聞法的善途。

而這一切的一切，都要感謝母親生下了我。否則，我非僅無從擁有難得的人身，也無從逢此難聞的佛法。謝謝您！母親！

其次，如果母親當年沒有生下我的話，我將錯失了一位值得我終身學習的良母。雖然人皆有母，但，並非每一個人都能夠擁有著一位偉大的母親。而我非常的幸運，能夠做為一位偉大母親的兒子。

如果，我當時投身的母親不是她的話，當然，我也不會是她的兒子。而我若不是她兒子的話，我的成長與命運的發展，也必定迥然不同。而前文所談與我相關的事件，自然也就不復存在了。

所幸，我和母親的緣份是深厚的，注定這一生要來做她的兒子，那怕是排行老九，也要趕上。而這份特殊的母子因緣，也注定是個善緣。除了我是來報恩於她的之外，她更是我終身學習的榜樣，也是我永遠的母親。

當然，我對母親之所以如此推崇有加，並非沒有原因。正如同我在去年出版的「話我九五老母——花甲么兒永遠的母親」拙作中的第十一章所言，一言以蔽之，母親是我一生的導師。

她不僅導正了我許多生命的觀念以及生活的態度，更讓我有勇氣及智慧，去面對生命的無常與生活的多變。這些觀念與態度涵蓋在如下的十個範疇中，而藉助它們，即使在無常生命與多變生活中，我遇到再艱鉅的困境，也多半能夠迎刃而解。

母親經常教導我們：兄弟姊妹之間要恪守「家和事興」；平常待人處世要「善解人意」；面對困難時要「聰慧靈敏」；對於命運要「無怨無悔」；與人相處則要「慷慨隨和」。

此外，她也時常提醒我們：平常對於身心就要「養生有道」；身陷困境時要懂得「苦中作樂」；精神寄託方面要「虔誠信佛」；任事任運的發展都要「達觀自在」；而當功成名就時，更要做到「顯時忘名」。

以上十種珍貴的生命觀念以及生活態度，都是從小到大我在與她朝夕相處中，耳濡目染下所學習到的。這些教誨與導引，對於我在面對生命與生活中，以及在做人與做事上，真是有如一盞明燈指示，而讓我獲益無窮。

再者，如果母親沒有生下我的話，就我個人而言，最大的遺憾是，我將沒有機會向她報答宿世的恩情。這點，當然也是我感到最為惋惜的了。

雖然，我無從得知，也難以證明，在宿世中母親對我究竟有怎麼樣的恩情？但是，佛家也曾說：「欲知前世因，今生受者是。」因此，光是從這一世中，母親在極其艱困的環境下，對她的十個子女，無怨無悔以及無始無邊的付出，你就可以感受到，這份慈恩的難以回報了。

再回到前文所談的，人與人之間的「四大因緣」。或許，這輩子注定要辛苦地養育一大家子的兒女，是母親前世今生的宿命。而我，極盡所能地想要對她盡孝，也應該是我前世今生的宿命吧！

所幸，我和母親今生的母子緣，是個典型的善緣。我們相處了一輩子至今，其中，雖然不免有些在見解或作法上的些許不同處，但，都是無傷大雅的瑣事。

基本上，我們的相處是自然、和睦、及融洽的。母親向來就是一位善解人意、容易相處的長者，因此，她很少會讓我有難為之處。而我本身也是一位細心及善於察顏觀色的人，因此，對於母親的大致需求，也幾乎多能顧及到。

說實話，要照顧一位年近百歲高齡的長者，並非一件易事。當然，母親身旁有一位外傭瑞塔照顧着她，而且也照顧得很好。不過，除了日常生活起居以及對身體的妥善照料之外，對母親在心靈及精神上的關懷，更是不可或缺。

關於此點，我格外的留意，也特別的用心。因為，每個人都有自己最起碼的尊嚴，而這尊嚴是需要被照顧的。雖然她老人家最喜歡與我這么兒同住，而我也最歡迎她住在我這兒。但是，她總是無法完全釋懷，畢竟，她膝下還有其他幾位兒子。

母親是個善解人意又特別會為別人着想的人，她總是考慮我的處境，不希望因此造成我的為難與不便。而我當然也明白她的內心深處，究竟在擔心些什麼？

啊！善良的母親，在如此高齡之下，若還要讓她擔心些什麼，那麼，我是否太不孝了呢？為此，我當然更要「將心比心」，盡量考慮她的處境與感受，最重要的是，絕對不能讓她有「寄人籬下」的感覺。

所幸，這些日子以來，感謝妻的體貼與配合，母親在我這兒住得很自在，逢人就誇讚我和妻對她老人家的孝順。雖然，我知道她長期定居在我這兒，對妻仍然感到過意不去，但，已不再像當初那麼地耿耿於懷了。這點，也讓我放心了許多。

說實話，這些年以來，由於母親一直都住在我這兒，讓我得以就近孝順她老人家，我深感這真是難能可貴的一大福報。真的，這絕對不是每個人想要就能得到的福報。

雖然，我每天還是定時的上下班，但是，該有的晨昏定省，始終力行不怠。我從不把對母親的照顧當成一種負擔，甚至，反而視為是一種樂趣。

可不是嗎？每天當我上班前向她道別時，她總是會提醒我：「便當帶了沒？別忘了手機哦！」這點，我從不嫌她囉嗦。反倒是，偶爾她忘了提醒我時，我才覺得不習慣呢！

我儘量每天趕在晚上六時半前，抵達家門，為的是，怕她等我吃晚飯等得太久。所以，六時至七時左右的時間，只要大門一推，她就知道是我回來了。

「肚子餓了吧？趕快來吃晚餐！」她坐在輪椅上，迫不及待的面向大門招呼著我用餐。

「媽！我回來了！我先去換衣服，洗個手，馬上就來吃。」我仍然像個大孩子般地回應著她。

母親現在的行動能力已不再像以前那麼的俐落，而需要靠輪椅的輔助，才能出門。因此，她待在家裡的時間愈來愈長。由於我一整天上班在外，她一看到我回來，自然高興異常。

可別小看這些看似平常的對話及互動，對於高齡九十八歲的老母親，以及已逾花甲之年的老孩子而言，這之間的孺慕之情、天倫之樂、與母子溫馨，就流露在眉目之間以及笑語言談中。

而這些，對我來說，永遠是無上的珍品，更是難得的福報。

總之，「母親，謝謝您生下了我！」

如前文所說的，身為排行老九的我，在今天這個年代，是很少有機會被生下來的。而如果母親真的沒有生下我的話，就會如同這一章所談的，將會有不少遺憾的事發生。

而在那些憾事之中，令我最在意的還是，我將失去能夠向母親報答宿世恩情的機會。

所幸，我和母親之間的緣份是深厚的，而且，母子關係更是個善緣。換句話說，這一生，我注定要被她生下來，而且，她之於我的是個「慈母」角色，而我之於她的則是盡力做個「孝子」。

多年來，我們的相處既自然、和睦、又融洽。佛菩薩對我如此的安排與善待，我的內心自然無限感恩，而且也非常的珍惜。只是，日子還是一天一天無情地飛逝……。

然而，無論我再怎麼不捨，母親和我終究還是會日復一日地老去。而唯一不會改變的是——她是我永遠的母親，以及——我內心深處永不止息的吶喊：

「母親，謝謝您生下了我！」

第4章

母親是我永遠的偶像

我向來不是一個會輕易崇拜偶像的人，然而，唯獨母親，我是如此的敬佩、景仰、甚至崇拜她。從小至今，母親的德行、情操、以及太多的事蹟，都足以讓我終身學習及效仿。坦白說，她不僅是我一生的導師，更是我永遠的偶像。

從小至今，母親有太多的事蹟，在我的記憶深海裡，都永遠不會忘記。尤其是兒時的陳年憶往，更是記憶猶新。

約略是在小學一、二年級吧！印象中，母親為了維繫龐大的家庭開支，只好去幫人洗衣及打雜，甚至，也在家裡替人代工編織籐竹製品，經常熬到三更半夜，她還無法上床休息。

偶爾，我會在半夜醒來，發現客廳的微弱燭光下，可敬又可憐的母親仍然彎着背在趕工。她的十根指頭由於工作過度，往往被籐竹刮傷而貼滿膠布，白色的膠布上，時而有血漬滲出，但，為了隔天交貨，她依然必須繼續工作下去。

我幼小的心靈當時難過萬分，不捨地對她說：

「媽！太晚了，趕快去睡吧！明天再做，好嗎？」

「我快好了，乖！你快回去睡，明早還要上學呢！」

我看着地下佈滿了竹片和籐條，我知道，母親一時之間是無法休息的。望着她埋首繼續趕工的模樣，我激動地靠在她的身旁，像個小大人似地安慰她說：

「媽！您放心，我會努力用功讀書，將來出人頭地，一定好好孝順您！」

試想，在這樣的環境下成長，我會比同年的孩子還要早熟些，那是必然的。而母親從小在我內心中的份量及偉大，那更不是沒有原因的。

事實上，從小至今，「母親是我永遠的偶像」。

母親的年紀大我整整三十五歲，因此，我對母親早年模樣的印象，是既模糊又遙遠的。尤其是對她的童年及青少年的認知，也只有從懂事以後，在與母親閒談之間，將片片段段的事蹟，有如拼圖般地拼湊而成的。

我常這麼想，既然我將母親視為永遠的偶像，那麼，更深入地去瞭解及描述母親，當然是我責無旁貸且刻不容緩的事了。

說實話，我對母親愈是瞭解更多，對她的尊敬與崇拜之感也就愈甚。而她的命運與事蹟異於常人的必然性，其實，從她自小出身寒門，就已看出端倪了。

雖然，母親出生的那個年代——民國初年，家境貧寒、生活艱困的人，不在少數。然而，母親的身世，若與一般人相較之下，還是更為曲折及艱辛多了。

母親是一位遺腹女，從未見過她的父親，而且，在她還懵懂未知的兩歲左右，又因她的母親重病纏身，只好送給人家做為養女。養父姓林，因此，母親也由本姓連，改姓為林。

不幸的是，母親約莫十一歲左右，由於養母病逝，養父無力再撫養母親，因此，在另一個機緣之下，母親又被一位蔡姓鄰居收養為義女，一直到十八歲她出嫁為止。

說實話，雖說每個人都有自己的命與運，但是，很少人的身世會像我母親那麼地坎坷，從她哇哇落地之後，就得開始承受及經歷親情數度聚散的無情洗禮。

當然，這些遭遇，絕對是母親在她童年及青少年階段的不幸與無奈。但是，對母親而言，雖是小小年紀，卻總能身心俱佳地順利渡過，足見她勝於常人的人格特質與能力。

我在想，如果換是我的話，遭遇到如此的家庭變故，我的童年與青少年，在人格與心理的發展上，會是什麼結果？我會不會變成一位壞小孩呢？

然而，我的母親之所以偉大，也在於此。

當她還是一位童心未泯且又涉世不深的小女孩時，卻必須提早經歷人世間的不幸與心酸。這樣的命運，絕對不是一般人所情願遭遇到的。

當然，母親也只能逆來順受。而終究，她總算順利的渡過這些艱辛的階段，而且，還是身心平順的渡過。

民國初年的那個年代，面對如此遭遇，或許，你根本只有接受而無法拒絕。然而，接受的方式有兩種態度。一種是「怨天尤人」地接受，既埋怨上天為何安排如此的命運，也責怪父母親怎會如此狠心，捨棄自己的親生骨肉於不顧。

而另一種接受的方式則是「既不怨天，也不尤人」。面對殘酷的現實命運，不抗拒它，直接接受它，與命運共存。當然，我睿智的母親，勇敢地選擇了後者。

我無從知道，當時的母親是如何捱過那一段困境？但是，她的確是身心俱佳地渡過。而有了這段經歷與淬煉，似乎已經注定了她日後成為一位偉大母親的因緣。

對我而言，光是她這一段「養女坎坷歲月」以及「寒門出身不怨天」的經歷與勇於面對，就足以做為我一生的導師，更是「我永遠的偶像」。

母親孩提時的求學事跡，也是令我非常佩服的一事。

雖然母親從小歷經了兩段養女及義女的命運，不過，幸運的是，她的養父母及義父母們，對於教育都很重視。為此，母親能夠在當時的「新竹女子公學校」，正式受了六年的日本教育（當時的台灣正處於日本統治下）。

日據時代的新竹女子公學校

母親的聰慧靈敏，在她求學的過程中便已展現無遺。而她的課業成績總是名列前茅，自不在話下。我常在想，我們兄弟姊妹每個人都如此善於讀書，除了父親的遺傳外，應該也有很大成份是得自於母親的真傳吧？

母親令我佩服的地方非僅如此，雖然她受了日本教育，但，總認為身為一個中國人，卻不懂中國文化，那是件不光彩的事。為此，她想盡辦法，希望有機會接觸「漢學」。

當時的新竹市內，位於今天的南門街上，有個「關帝廟」。廟旁有個

母親虔誠敬拜關帝公

母親與我在關帝廟前合影

專門教授漢學的私塾，歡迎有興趣的人去學習。但，母親身為人家的養女及義女，雖是小小年紀，却是每天都需要負責打理家中的雜務，諸如打掃、洗衣、燒飯……等。換言之，即使她再渴望能夠學到「漢學」，却總是礙於分身乏術。但，你不得不佩服，她還是盡其可能地找尋片斷時間去旁聽、去學習。

而在這種環境及條件下，她却又能把日本課業、漢學一併學得有聲有色，同時，也把大人所交代的家務全部處理得當。母親曾經告訴過我，「三字經」的內容就是在那兒學會的。

也因為如此，對於一個從未受過正統中文教育的母親而言，今天雖然已是高齡九十八歲了，

般若波羅蜜多心經 ※弟子 褚林貴 恭書
觀自在菩薩行深般若波羅蜜多時。照見五蘊皆空。度一切苦厄。舍利子！色不異空。空不異色；色即是空。空即是色。受想行識亦復如是。舍利子！是諸法空相。不生不滅。不垢不淨。不增不減。是故空中無色。無受想行識；無眼耳鼻舌身意；無色聲香味觸法；無眼界。乃至無意識界；無無明。亦無無明盡。乃至無老死。亦無老死盡。無苦集滅道。無智亦無得。以無所得故。菩提薩埵。依般若波羅蜜多故。心無罣礙；無罣礙故。無有恐怖。遠離顛倒夢想。究竟涅槃。三世諸佛。依般若波羅蜜多故。得阿耨多羅三藐三菩提。故知般若波羅蜜多是大神咒。是大明咒。是無上咒。是無等等咒，能除一切苦。真實不虛。故說般若波羅蜜多咒。即說咒曰：揭諦揭諦。波羅揭諦。波羅僧揭諦。菩提薩婆訶。

母親虔誠抄寫的波若波羅蜜多心經

但，她不僅能閱讀中文報紙以及書刊（包括我以前寫的三本散文集，以及近期為她而寫的專書「話我九五老母」），而且，她也能親筆書寫國字。

值得一提的是，她有四個女婿，而其中三位是外省籍。因此，她具備了雙聲道的能力。當她和女兒交談時，用的是「台語」，而面對女婿們時，則又是以「國語」發聲。

平心而論，這些能力完全得力於她孩提時期的努力自學與上進。而毋庸置疑的，她的聰慧以及能幹，似乎在她的童年生涯裡，便已具足蘊育了她日後如何跳脫無數困境的非凡能力。

回想起我自己的童年，無論在環境遭遇、生活條件、以及脫困能力……等方面，相對於母親而言，真是望塵莫及啊！

此刻，內心深處泉湧而出的，除了一股由衷佩服之感外，還是那一句話：

「母親，您是我永遠的偶像！」

我之所以對母親那麼地崇拜，絕對不是因為她與我之間，單純的母子情深所致。

實在是，她的一生中有太多的事蹟，足以令人讚佩。而即使，她不是我母親的話，我也依然會對她產生高度的景仰。

再拿她嫁作人婦之後，雖然遭遇到無數困境，卻能隨緣認命，甚而振興家運之事，就令你對她不得不更加佩服。

母親在荳蔻年華的十八歲，經媒妁之言，嫁到了地主的褚家。原本以為嫁給了地主之後，將會有好日子可過。然而，萬沒想到，褚家這個地主其實並不富有，而且負債不少。換言之，母親只不過是一個「貧窮地主之妻」。

命運的乖違以及遭遇的坎坷，從此，毫不留情的加諸在母親的身上。

然而，生性樂觀的母親，非旦沒有因此而懷憂喪志，她反而無怨無悔的接受它、面對它。

此後，褚家陸續出生了十個孩子。而這麼龐大的家計重擔，幾乎全然由母親個人非常認命地承擔下來。真的，我難以想像，母親這麼一位弱女子，她是如何渡過當時那麼艱辛、困苦的漫長歲月？

也是在我結婚成家之後，偶爾與母親閒聊，回憶往事時她告訴了我：

「那一段日子真的是非常辛苦，但，我無法怨天尤人，因為，如果那是我的命，我也只能接受。」

「何況，怨天尤人也根本解決不了問題。我告訴自己，必須拉起袖子、捲起褲管，紮紮實實地幹活，才能真正的解決及改善生活的困境。」

坦白說，母親在她中年以前的生活寫照，幾乎是可以用「胼手胝足」四個字來涵蓋。

在因應家庭生計的方法上，她真可說是文武全才。她的一生中，尤其是當我們這些子女都還小時，為了顧全家計，天生長得標緻的母親，卻不辭辛勞地做了許多以勞力為主的工作。

這些工作包括：工廠臨時工、替人洗衣、竹籐製品家庭代工、賣粽子、賣香蕉、賣冷飲（青草茶、冬瓜茶、剉冰……等）、開小雜貨店及漫畫書出租店……等。

真的，你不得不佩服她的膽識及能力，只要是能夠裨益家計收入的，勞力為主的工作或小本生意，她都盡力嘗試。尤其，在工作及生意之外，她還有十口之家的家務要同時照應呢！能不佩服她的能幹嗎？

說實話，多虧母親能夠無怨無悔的接受命運的安排，並胼手胝足地去因應生活的現實，以及善用小本生意來改善龐大的家計，才能讓褚家的家道由此展現出一線生機，從而到後來的漸入佳境。

可以說，假如沒有當年母親的睿智、精明、與努力，就沒有今天的褚家。

聖嚴法師曾經勉勵世人，當面臨生命的逆境時，應該以「四它」來因應，亦即是：「面對它」、「接受它」、「處理它」、以及「放下它」。

我母親的一生，她對生命與生活的睿智態度，其實，不就正如前述聖嚴法師的「四它」，恰好有著非常正面的契合嗎？我當然也應該效法母親，把這「四它」奉為自己終生的座右銘，隨時警惕自己。

回顧母親的這些往事，她雖然做為一個貧窮地主之妻，但，卻能隨緣認命，歷經艱辛，不屈不撓，終究振興了褚家的家運，真是令人佩服。

做為她的么兒的我，除了內心由衷的感恩於她之外，那一句敬佩中帶著崇拜的話，我還是再次的要說：

「母親，您是我永遠的偶像！」

母親的一生，真的是有太多的行為或事蹟，令我打自內心由衷的敬仰。說實話，即使再多的篇幅給我，我也描述不完。不過，在結束這章主題之前，下面要談的一則事蹟，絕對是我不能輕易遺漏的。

回想母親的過往，如前所述，她不僅出身寒門，從小就失怙，而且歷經兩次不同家庭的養女歲月，却從不怨天，也不尤人。

長大之後，雖然嫁做貧窮地主之妻，卻家道一貧如洗。而十個孩子先後出生，無比沉重的家計負擔，長期不斷的加諸在她一個弱女子的身上。

然而，母親却能隨緣認命，咬緊牙關，憑着她個人無以倫比的堅強毅力，以及她天生的聰慧靈敏，終於振興了褚家的家運。

我們褚家，雖非達官顯貴之家，然而，至少也是個書香門第，是國家社會中堅份子的家族，兒女們在各自不同領域的事業上，也都有些小小的成就。

而這些兒女的成就，其實就是母親多年來辛苦的成就。她，不僅是博士的母親、教授的母親、數學名師的母親，也是作家的母親、董事長的母親、執行長的母親、總經理的母親……。

雖然，這一切的功榮與榮耀都該歸功於母親，但，她老人家却從不居功。總認為那些成就，都是我們自己努力得來的成果，無關於她的功勞與否。

而這點，就是在結束本章之前，我必須特別描述的事蹟。

坦白說，母親的人格操守，我由衷地佩服。她真的是一位「顯時忘名」的偉大母親，非僅為善不居功，而且，絕對不求名份或地位。

記得多年以前，曾經有人主動想推薦母親，接受新竹市政府的「模範母親」表揚。這件事，非僅是我們做為她兒女的，就是所有認識她的親朋好友以及左鄰右舍們，也都一致認為，如果母親獲得「模範母親」的表揚，那絕對是一件實至名歸的事。

然而，自始至終母親都不願接受此事，連平常對她最具說服力的我，幾經努力也無法勸服她接受表揚。

當時，母親以很平淡的口吻溫和地告訴我：

「我向來所做的一切事情，都是順乎自己的良心，而不是為了一絲虛名。如果我接受了表揚，那不是違反了當初自己的原意，反而失去了意義。」

除此，再舉一例。去年我為她寫了「話我九五老母——花甲么兒永遠的母親」一書，出版之後獲得很大的回響，並且欣獲新竹市許明財市長來函表達讚賞之意。甚至，有電視台新聞記者表示，想針對母親本人，及其所創「財團法人褚林貴教育基金會」（母親為創會董事長）之事，進行人物的專訪及報導。

我甫獲消息，立即向母親徵詢她的意下如何？而如同我所臆測的，她還是婉拒了這些人的好意。她非常平靜的對我說：

「我以前都不在乎這些虛名了，更何況，現在都已經是九十幾歲的人了，更應該看淡這些，放下這些才對！」

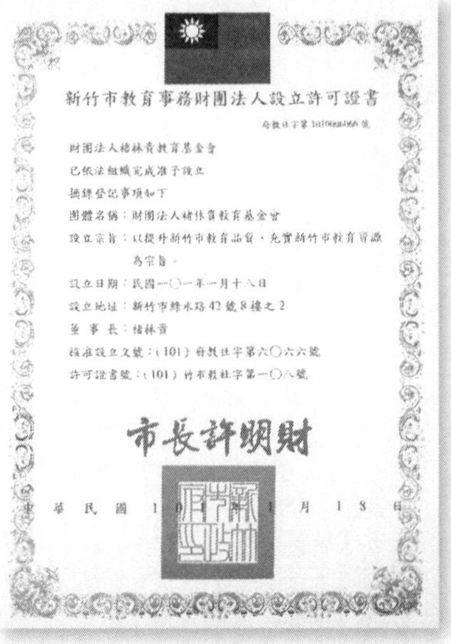

新竹市教育事務財團法人設立許可證書

府教社字第1010006066號

財團法人褚林貴教育基金會
已依法組織完成准予設立
摘錄登記事項如下
團體名稱：財團法人褚林貴教育基金會
設立宗旨：以提升新竹市教育品質、充實新竹市教育資源為宗旨。
設立日期：民國一〇一年一月十八日
設立地址：新竹市綠水路42號8樓之2
董 事 長：褚林貴
核准設立文號：（101）府教社字第六〇六六號
許可證書號：（101）竹市教社字第一〇八號

市長許明財

中華民國101年1月18日

母親為褚林貴教育基金會創會董事長

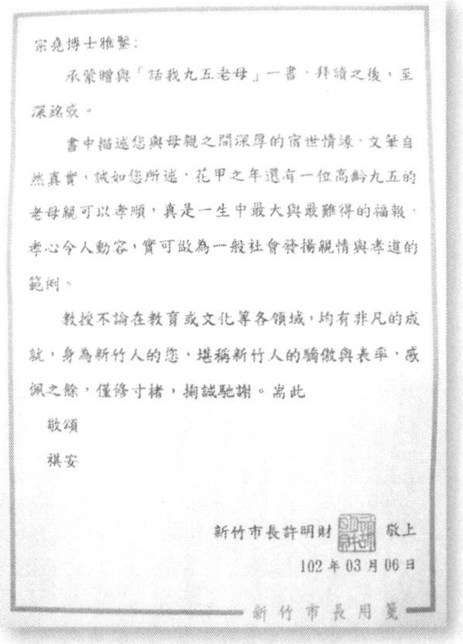

宗堯博士雅鑒：

承蒙贈與「話我九五老母」一書，拜讀之後，至深銘感。

書中描述您與母親之間深厚的宿世情緣，文筆自然真實，誠如您所述，花甲之年還有一位高齡九五的老母親可以孝順，真是一生中最大與最難得的福報，孝心令人動容，實可做為一般社會發揚親情與孝道的範例。

教授不論在教育或文化等各領域，均有非凡的成就，身為新竹人的您，堪稱新竹人的驕傲與表率，感佩之餘，僅修寸楮，摘誠馳謝。耑此

敬頌

祺安

新竹市長許明財 敬上

102年03月06日

新竹市長用箋

新竹市許明財市長來函嘉勉

的確，母親就是如此的一個人，當身處艱辛困頓時，她可以默默地面對與承受，並且，毫無怨言。而當一旦顯赫且可以揚眉吐氣時，她的身段卻又是何等的內斂與低調。

由前述模範母親的表揚，以及電視記者的人物專訪兩事件中，你便可以望出端倪，我母親是何其虛心與謙遜！又是何其與世無爭！

坦白說，並非每個人都可以輕易地做到「顯時忘名」的涵養。然而，對我母親來說，此點，卻似乎只是她信手捻來的功夫而已。

而光是這點，她的德行、她的情操，就足以做為我的楷模，更足以讓我終身效仿及學習她。對於這麼一位偉大的母親，我還是再次想說：

「母親，您是我永遠的偶像！」

寫到此，我想說，向來我不是一個會輕易崇拜偶像的人。然而，唯獨母親，我是如此的敬佩、景仰、甚至崇拜她。當然，如前所述，她確實是有太多太多值得我這麼愛戴她的地方。

或許，有些人會認為，因為她是我的母親，而母子之間的孺慕之情，自然會增加幾分催化作用。

不錯，也許這個因素確實昇華了幾分，但，如果沒有一些確鑿的事蹟做為依據的話，那麼，又能如何加以催化與昇華呢？

願天下所有為人子女的，在夜闌人靜時，心存感恩地去回想，過去你母親對你無始無邊以及無怨無悔的付出。屆時，你將會和我一樣說出：「母親，您是我的偶像！」

第5章

母親賜給我的無價之寶

從小到大，我在母親的言教及身教下，耳濡目染，無論是在待人、處事、或心靈等方面的涵養，都受到她老人家很大的影響及助益。對我而言，這些都是母親賜給我的無價之寶。本章針對「圓融的待人哲學」及「睿智的處事態度」兩大類做進一步的闡述。

在本書第3章的內容中，我曾經提及母親導正了我許多對生命認知的正確觀念，以及對生活實作的積極態度。因此，讓我更有智慧及勇氣去面對生命的無常，以及生活的多變。

其實，那些觀念與態度，就是母親賜給我的無價之寶。它們幫助了我在無常生命與多變生活中，即使遭逢多麼艱鉅的問題或困境，也多半能夠迎刃而解。

本章我將更深入地描述，這些得自於母親所賜予的無價之寶——十種在生命上的觀念及生活中的態度。如果從處世面來看，這十個無價之寶大致可以分成三大類：一、「圓融的待人哲學」，二、「睿智的處事態度」，三、「豁達的心靈氣宇」。

回顧從小到大，我在母親的言教及身教下，耳濡目染，無論是在待人、處事、或心靈等方面的涵養，都受到她老人家很大的影響，並獲得極大的助益。

這些觀念、態度、或涵養，非常值得我利用更大的篇幅做進一步的闡述，希望能對那些在無常的生命及多變的生活中，經常感到無助與無奈的人，有所裨益。

圓融的待人哲學

待人始終是一門人生必修的學問，它看似容易，卻是一門「知易行難」的課題。我的母親在親戚、朋友、或鄰居中，向來是個「人氣王」，她在這方面賜給我的寶物，我透過「慷慨隨和」、「善解人意」、以及「家和事興」等三方面，稍加深入描述及凸顯如下。

待人大度，慷慨隨和

相信嗎？我如今都已是年過花甲之年的人，却從未曾聽說過那一個人，數落過母親的不是。反倒是，誇獎或讚美母親的話，卻是經常聽到。真的，她是一位深受肯定，做人成功的人。

可以說，打從母親年輕時到老年，她一直扮演着不同階段的「人氣王」：父母眼中的「好女兒」，公婆的「好媳婦」，先生的「好太太」，子女們的「好母親」，孫子們的「好阿嬤」，友人中的「好朋友」，以及鄰居中的「好厝邊」。

這麼好的名聲，當然，絕非憑空得來的。

母親經常告訴我：「阿堯，做人一定要大度。對自己可以刻薄些，但是，對待別人要儘量的慷慨；而且，不要過度拘泥於自己的成見，隨和些，才能與人好相處。」

很簡單的幾句話，但，却是做人的大道理！

日常生活中的母親，除了待人大肚且隨和之外，也慷慨又樂善好施。週遭身邊的親朋好友，如果需要奧援的話，雖然沒有開口，只要是她知道了，一定會義不容辭的主動幫忙。

甚至，即使她不認識的人，從報章或電視新聞上得知，包括國內外的天災（水災、風災、地震、飢荒……等），如果需要捐贈，雖然她的能力其實有限，也要盡她的一己之力去熱心讚助。

值得一提的是，如今她已年高九十八歲，市政府每個月發給她的補助款（「敬老津貼」每月三千五百元及「安老津貼」每月三千元），她都會將它們做相當妥善的安排。

雖然，這些津貼每個月都會撥進她的帳戶，但，她都要求我全部領出，並額外加上她自己的積蓄，幫她定期分別捐贈給一些慈善機構，包括：慈濟慈善事業基金會、創世社會福利基金會、門諾基金會、德蘭兒童中心……等。

除此，她更是一位「愛屋及烏」的人。這些年來，一直有個外傭（Leta）照顧母親的生活起居。這位外傭中文名字叫做「瑞塔」，陪伴在母親身旁已有七年之久，表現得很好，她們倆相處得也相當融洽。母親待她就像自己的親生孫女一樣，而瑞塔也把母親當做她的親阿嬤一樣細心體貼地照顧。

母親對待瑞塔之好，是令人感動的。瑞塔家貧，在台灣生病時的醫藥費，都是母親幫忙支付的。除此，她在菲律賓的先生（罹患過ＳＡＲＳ）以及母親（罹患胃癌）的醫藥費，我的母親也都熱心的大力贊助過。母親充滿慈悲心的對我說：

「那些毫不相干的人我都在幫助了，更何況整天在照顧着我的瑞塔及她的家人，我當然更不能袖手不管了！」

甚至，瑞塔的大女兒去年進入了大學念書，慈悲的母親為了減輕瑞塔的負擔，更主動每個月定額支給瑞塔的女兒，做為長期的教育獎學金。此外，每年兩學期的註冊費，母親也都慷慨解囊相助。

你能不說母親是個菩薩心腸慈悲心的人嗎？

啊！她的待人大肚、她的慷慨隨和、與她的樂善好施，著實令人佩服。而能做為這種母親的兒子，除了感動之外，更是以她為榮！

母親外傭瑞塔（Leta）的二女兒Mika之感謝函

尤其，母親這樣的義舉與風範，更是我一生的良師與楷模。

善解人意，體恤人需

母親九十歲以前的居所，是在大哥、四哥和我，三個家庭之間輪流住宿的。因此，短則三、四個月，長則半年就得遷徙一次。這點，對年長的母親而言，是相當不方便的。

看在眼裡，我既難過又不捨。尤其母親在九十歲以後，無論是體力和精神，其實都已不適合再輪流遷徙了。好幾次，我都想與妻協商，希望她能同意讓母親定居在我們家。但，每次總被善良又客氣的母親阻攔下來。

不用說，母親當然知道，這個么兒最冀望她能與他長住。而我也深知母親內心，最希望住的地方就是我這兒。

然而，善解人意的母親，總是設身處地為他人着想，總是考慮對方的立場及需求。她再次的叮嚀我：

「阿堯，我知道你的孝心，不過，你也應該替阿瑩想想，別讓她感到為難。」

「畢竟你上面還有三個兄長，總不能把孝養我的責任，全部放在你和阿瑩夫妻倆的身上。」

啊！她的「善良」，她的「善解人意」，以及她的「體恤人需」，都令我敬佩萬分。只是，做為兒子的我，內心其實是非常的掙扎與煎熬的。

還好，前年，母親九十五歲時，妻主動地邀請母親就此定居在我們家。當時，母親既感動又感激地對妻說：

「阿瑩，真感恩妳邀請我定居在妳這兒。往後會有很多事情要麻煩到妳，請妳多包涵，也謝謝妳哦！」

啊！這麼善良又善解人意的老母親，連住在自己兒子的家，對待媳婦都還如此地客氣與尊重。而我的母親，她真的就是如此有禮教的一個人。

這件事，我除了要感謝佛菩薩的恩典與加持之外，也要感謝妻的善意體諒與回應。終究，他們適時地成全了我對母親盡孝道的大願。

母親的「善解人意，體恤人需」事蹟不勝枚舉，除了前述對親人如此之外，對外人亦復如是，以下再舉一例。

有一位慈濟功德會的成員，是我以前食品路舊家的鄰居太太，和母親的私交向來不錯。幾年前，這位太太曾經向母親勸募慈善捐款。其實，如前文所述，長期以來，母親和我早就已經定期的捐款給慈濟基金會，而且金額也不在少數。

然而，為善向來不為人後的母親，為了協助這位太太增加她所勸募的對象，母親還是非常熱心的響應。此外，母親還額外地為我們幾個孩子，每個月定額的捐款給慈濟基金會，一直持續到現在。

一開始，這位太太是每個月到家裡來向母親收款的。後來，為了方便這位太太，母親索性主動地跟她說：

「從現在起，我一次給妳一整年的捐款，妳就不必每個月來收。省下來的時間，妳就可以幫忙慈濟做更多其他的事了。」

你瞧！我的母親就是如此地慈悲、善良。她的心量好大，總是抱着善解人意的寬廣心胸，以及體恤人需的摯誠態度。凡事寧可自己吃些虧，也不忍讓別人多受委屈。

我常在想，從小我就在她的言教與身教下長大，但，為何却沒有因耳濡目染而更寬大自己的胸襟和雅量呢？

我感到好慚愧！從今以後，我應該起而行，把這份母親賜給我的無價之寶，更積極發揚光大才對！

手足相愛，家和事興

我們褚家算是一個大家庭，兄弟姊妹本來就多。再加上各自紛紛男婚女嫁之後，整個家族逐漸衍生，陸續增添了女婿、媳婦、內外孫、曾孫……等眾多親人。

坦白說，子女眾多的大家族中，彼此相處之間，總不免發生觀點不同或意見相左的情事。這時候，大老級的母親，便是最客觀的意見領袖，也是最令子孫們心服口服的最後仲裁者。

不過，真正需要她出面的機會其實不多。因為，從小她就教導我們兄弟姊妹之間，要恪守「手足相愛，和睦互助」的庭訓。在母親長期的睿智教導下，褚家的手足之間，堪稱是彼此「兄友弟恭，姊妹情深」。

為了增加整個家族的凝聚力，母親更是不遺餘力地舉辦每年一次的「春節褚府大聚餐」。這個聚會，如果四代全員都到齊的話，總人數會有八桌之多，可說是褚家的大事。

說實話，向來喜歡熱鬧的母親，不僅是幕後最積極的推手，而且，既出錢（她堅持負擔所有的費用）又出力（她全程參與規劃，如：席中安排唱卡拉ＯＫ，便是她的主意）。

母親為的是什麼？只有一個目的，她向來就重視大家庭的整體和睦，她希望看到的褚家，是一片「家和萬事興」的榮景。這樣和樂融融的家庭聚會，除了在「彭園」、「福泰飯店」之外；也在「天竹園」日本料理店舉辦了數次，就連女老闆劉董事長也對我們家族稱羨萬分。

每年春節由母親請客的褚府大聚餐（彭園餐廳）

母親盛裝參加天竹園的家宴

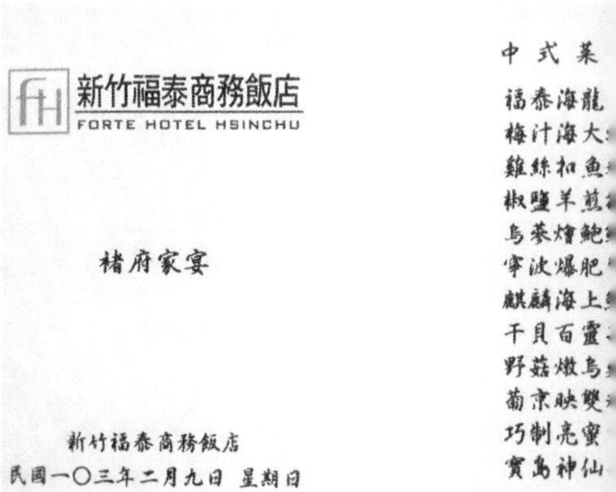

新竹福泰商務飯店
FORTE HOTEL HSINCHU

褚府家宴

新竹福泰商務飯店
民國一〇三年二月九日 星期日

中式菜
福泰海龍
梅汁海大
雞絲扣魚
椒鹽羊煎
烏蔘燴鮑
寧波爆肥
麒麟海上
干貝百靈
野菇燉烏
葡京映雙
巧制亮蜜
寶島神仙

褚府家宴菜單（福泰飯店）

宴席中母親心情愉悅（天竹園餐廳）

宴席中母親心情愉悅（親朋滿座）

啊！無怪乎光敷二姊夫要尊稱母親為褚家的「老佛爺」。她確實是褚家四代家族的重心，是令人敬愛的靈魂人物。因為她的睿智、她的堅持、她的寬廣胸襟，褚家才有今天的「家和萬事興」格局。

想到今天的社會亂象，世風日下，人心不古，不知有多少家庭瀕臨破裂。而我何其有幸，母親自小即對我們循循善誘，賜給了我們「手足和睦，家和事興」的無價之寶。

睿智的處事態度

人生在世，面對無常的生命，以及多變的生活，想要順利的安身立命，其實並不是一件容易的事。而在這方面，她除了賜給了我前述三個「圓融的待人哲學」之外，也賜給了我另外一個無價之寶——睿智的處事態度。

有關這方面的寶物，我透過「聰慧靈敏」、「苦中作樂」、以及「養生有道」等三方面稍加深入描述，即可看出她老人家較一般人確實有其獨道之處。

理事聰慧，接物靈敏

從小到大母親在我的心目中，絕對稱得上是一位超級能幹的母親。尤其，她的前半生，不知遭遇過多少次大風大浪，或面對過多少次艱辛困境。但，她總是能夠想出各種辦法來因應，即使再棘手的問題，也多半能夠迎刃而解。

如果稱她是一位超級能幹的母親，絕對是實至名歸。而她這份異於常人的能力，除了後天環境的造就之外，傳承自外祖父的優質血統也佔了很大成份。也因為這兩者因素，造就了母親的人格特質及行事風格，既「聰慧」又「靈敏」。

如前所述，母親年輕時迫於家境的赤貧，往往為了褚家龐大人口的家計開支，做過不少雜工及小本生意，這些艱辛的經歷，造就了她必須精打細算的能力。而褚家早期最貧窮的時期，如果沒有母親的聰慧及靈敏，絕對是很難熬過的。

相信嗎?母親的心算能力是令人折服的。她從未使用過算盤，也不會按計算機，但，一般單純的加減運算，只靠心算，也不用紙筆，結果，她的答案一定正確而且比你快了許多。

這件事讓我想起了國小三年級時的算術課，必須背誦「九九乘法」，而我是同學中最快而且最正確的一位。我能夠有如此天賦，得之於她的真傳，應該是毋庸置疑的。

即便是已經九十八歲高齡的她，這方面的能力依然不減當年。前些日子，我帶她定期回診新竹馬偕醫院的心臟內科，她向劉醫師訴苦：

「劉醫師啊！我最近記性差了許多，腦筋愈來愈不清楚了！」

「那裡！您腦筋的清晰程度，在同年齡層來說，絕對是前三名，甚至，有可能是第一名呢！」

劉醫師一面看診，一面開玩笑地對她說。我在旁，內心一陣欣慰之情油然而生。感謝劉醫師長期以來的細心照顧，更感謝佛菩薩的恩典及加持。

此外，母親對週遭事物的觀察力，若以一位高齡已是九十八歲的長者而言，算是相當靈敏的了。以下面的事項為例，的確是令人不得不佩服其一二。

每天晚上，我總會利用跑步機快走個半小時。通常，我會將時速設定在每小時約5公里左右。而當我在快走的過程中，母親也會利用助行器走到我的身後，一方面是為了活動活動筋骨，一方面也是想觀察我的狀態。

有一次，當我正專注於快走時，突然身後傳來她的聲音：

「阿堯，今晚你是不是走得比平常快些呢？慢慢走，不要一下子走得太快，太喘的話，對身體不好的。」

我不得不佩服已是高齡九十八歲的母親，居然還有這麼靈敏的觀察力。真的，當天晚上，我確實是將原本每小時5公里的時速，調升為5.5公里，而僅僅0.5公里的微調，她老人家居然這麼快就察覺到了。你能不佩服嗎？

所談的這些細瑣小事，也許微不足道，

母親與喬山Johnson跑步機合影

但，在在顯示出她在理事上的聰慧，以及接物上的靈敏。我，身為她的么兒，不敢自誇，但，自認為多少也承襲了她的幾分這些特質。在此，真的要由衷地感謝她，賜給我了如此無價的寶物。

苦中作樂，忙裡偷閒

在母親的生活哲學裡，即使物質生活方面再怎麼艱辛，但，也絕不代表生活中無法找到樂趣。否則，窮人家們豈不是注定要不快樂地過日子呢？

以我自己為例，即便是已過花甲之年的我，依舊難以忘懷我在國小時候，那種窮苦人家的快樂時光。記憶中，家裡雖窮，但，母親偶爾也會在生活中給我們一點小小的驚喜——全家大小一齊到海邊或郊外去野餐。

雖美其名為「野餐」，其實，只是把簡單的食物，從家中帶到外頭去用餐而已。別人家的野餐多半是豐盛多樣的餐點，我們家完全不然。然而，母親的拿手飯糰，是我一輩子都不會忘記的——以適量的塩水與乾飯攪和而成的飯糰，中間再摻入「三文魚」罐頭的魚醬。此外，副食品則是事先醃製好的小黃瓜。

千萬別小看這樣簡易的方式，雖然談不上豐盛却也還算可口的野餐，它著實滿足了當時我們這種窮家子弟的口慾，也慰藉了窮家小孩「苦中作樂」的心靈。

除了苦中作樂的情趣之外，母親在繁雜而沉重的家務之餘，也帶領着我們這一群窮孩子，設法「忙裡偷閒」。而無論是苦中作樂或忙裡偷閒的各種活動，「經濟實惠」絕對是付諸這些行動前，首先必須考量的。

孩提時母親帶我們至新竹市郊野餐（青草湖）

母親忙裡偷閒的活動重心，主要是帶著我們到新竹縣市的郊區遠足，當然，多半也會搭配著野餐。正因為如此，我對於新竹縣市附近的名勝古蹟，幾乎是很少有不熟悉的。而這些經驗與歷練，若非拜母親的睿智靈敏與慈心關愛所賜，身為窮家小孩的我們，其實也不敢奢求如此。

這些生活中看似稀鬆平常的小事，或許微不足道，但，多少顯現出母親是一個頗為懂得生活情趣的人。尤其，聰慧靈敏的她，適時適地的帶著我們展現她在「窮則變，變則通」的生活哲學。

那就是，讓我們這些子女藉此懂得並學會：「日子再苦，也能夠『苦中作樂』；生活再忙，也要『忙裡偷閒』」。而無論是「苦中作樂」或是「忙裡偷閒」，都是生活中平衡身心的最佳竅門。

感謝她老人家賜予我們的這個無價之寶，而我尤其幸運，能夠得到她的真傳。因為，每當我在面對生命的無常，或者生活的多變時，總能夠將過去在母親身旁，耳濡目染下所學到的權變哲學，有如錦囊妙計般地拿出來應對並奏效。感謝您！母親。

貧時忘憂，養生有道

母親的前半生，貧窮的生活與她幾乎是如影隨形。但，她幾乎很少會怨天尤人，當然，更不會因此而懷憂喪志。易言之，即使窮到極處，但，窮歸窮，她總能設法做到「貧時忘憂」。

那麼，她又是如何做到的呢？前文所提到的「苦中作樂」以及「忙裡偷閒」，便是其中的兩個法寶。此外，不輕易服輸的堅忍毅力，更是支持她能夠貧時忘憂的原動力。尤其，「人窮志不短」的志氣，可說是從小就經常聽她鼓勵我們的話。

母親曾經告訴我們，當年，褚家是親戚中極度貧窮的一家，窮到有些親戚都想遠遠避開我們。這也難怪，主要是深怕我們會向他們借錢或受到連累的緣故。其實，這樣反而激發了母親「人窮志不短」的向上心。

母親雖然省吃儉用，但，卻很重視我們的教育問題。她堅信，只要能讓孩子們念好書，就會有更多及更好的就業機會，家庭的經濟條件自然也會有所改善。以褚家今天的狀態來說，確實也證明了當年母親的信念是明智的。

除了貧窮時不要被憂傷或憂慮拘絆住，甚至要設法排解掉之外，她更引導我們，貧窮時也需要留意健康、注重養生。對聰慧的母親而言，窮人在養生上也有窮的訣竅可循。

回憶兒時，母親便經常烹煮「高麗菜炒麵」給我們吃。她很清楚，便宜的高麗菜深富磷、鐵、鈣等人體必需的微量元素，故被稱之為「菜中高麗參」（母親將它比擬為「窮人的高麗參」）。除此之外，它又可預防骨質疏鬆症，而且有益於腸胃的保健。

我想，今天我的腸胃功能挺不錯的，是否也跟這點有關呢？值得一提的，母親的另一個私房養生食品「小魚乾」。說實話，這種貌不驚人的廉價魚貨，對於當時貧窮的我們而言，可說是家常便菜。雖然不怎麼可口，但，總比沒有魚吃來得好。

沒想到，這種可以連骨帶肉吃下去的小魚乾，卻是大量鈣質的來源。無怪乎，目前我的骨質密度值要比同年齡的人來得好。這點，真該感謝母親當年在窮人養生之道的用心與睿智了。

除了飲食方面的養生之外，母親也非常重視日常作息的規律，以及精勤於運動。事實上，她從中年之後，就已養成了早睡早起的好習慣，而且，每天清晨還會和鄰居們一齊到附近的十八尖山上運動。

她的毅力及恆心之堅定，叫人不得不佩服。除非有特殊原因，否則，她幾乎很少會缺席。我的母親就是如此養生有道的人，當然，這也奠定了她日後會健康長壽的良好基礎。

即便是現在已是高齡九十八歲的她，只要是好天氣的清晨，她還是會要求照顧她的外傭瑞塔，用輪椅推她到附近的交通大學博愛校區，或者是東

母親由外傭推輪椅至交大博愛校區途中

園國小的操場。通常，她會柱著拐杖下來走幾步路，呼吸一下清新的空氣，甚或做幾下簡單的晨操。

假日時，我也偶爾會載她到新竹科學園區內的「靜心湖」散散心。輪椅當然是必備的，不過到了湖畔之後，她總會要求我讓她下來走走。她以堅定的眼神望着我說：

「阿堯，我現在若是愈不走的話，將來就愈是走不動。」

我想她是對的，的確，「天行健自強以不息」。母親右手拄着那支已經周遊列國的拐杖，我則陪伴在左側攙扶着她的左手，就這樣，六十三歲的么兒陪伴着九十八歲的老母親，緩緩散步在「靜心湖」的環湖步道上。清風徐來，樹上的鳥兒吱喳地叫着。我想，那應該會是一幅非常溫馨的畫面吧！

從這些描述的生活小細節中，我想，應該很容易感受到母親過去「貧時忘憂」的具體作法，以及數十年來，她在「養生有道」的睿智。甚至，已經高齡九十八歲的她，至今仍對養生抱持著驚人的毅力，實在令人敬佩！

從小至今，我在她的身旁相處，對她充滿著無限的景仰。同時，更由衷地感恩於她，讓我有這麼多機會在她身邊耳濡目染，而領受到這麼多彌足珍貴的經驗。這些珍貴的經驗之於我的人生，絕對是無價之寶。

陪母親至新竹科學園區靜心湖畔散步

第6章

母親是我的上師與明燈

本章承續前章母親賜給我的無價之寶，述及她對我更是受益無窮的「豁達的心靈氣宇」。憑藉著母親賜予的這些觀念與態度，幫助了我在無常的生命與多變的生活中，即使逢遭再艱鉅的問題或困境，也多半能夠迎刃而解。無疑地，母親對我而言，就是我的上師與明燈。

承前第5章所述，母親賜給我的無價之寶，除了「圓融的待人哲學」及「睿智的處事態度」之外，還有接着我將繼續述及，對我受益更深、更長久的「豁達的心靈氣宇」。

母親的豁達心靈氣宇，不僅讓她有勇氣去接受並面對艱困的人生命運，此外，也讓她更有信心去克服所遭遇到的所有困頓與挫折，而終於走向人生的光明面。

從小到大，我在母親言教與身教的耳濡目染下，深獲其真傳。她對我影響之深遠，不僅止於過去，甚至於未來。事實上，母親對我來說，就如同是我一生的上師與黑暗中的明燈般地重要。

豁達的心靈氣宇

任何一個人，無論你出自何種家世，從你呱呱落地之後，都會隨即面對生活的多變，以及生命的無常。嚴格說來，人生在世其實是「苦多於樂」的。而針對這個「苦多於樂」的人生，又該如何去面對以及自處呢？這，確實是個大哉問。

而我的母親，如前所述，不僅出身寒門，從小失怙、且經歷了兩次不同家庭的養女歲月……。面對這些，她是如何做到「不怨天又不尤人」？而身處劣境，她又是如何以「隨緣認命」自處？

或許，「豁達的心靈氣宇」便是她得以面對以及自處之道，也是她賜給我的無價之寶。有關這方面的珍寶，我將分為「無怨無悔」、「虔誠信佛」、「豁達自在」、以及「顯時忘名」等四個面向，陸續分別描述於后。

胼手胝足，無怨無悔

母親的前半生，命運非常乖違及坎坷。換是一般人，泰半都會因此而懷憂喪志。然而，賢慧的母親令我由衷地敬佩，她無怨無悔接受了無情命運的安排，並以樂觀的態度去面對。

真的，你不得不對她肅然起敬。龐大的十口之家的重擔，就讓這麼一位年輕的弱女子，如此認命地隻手承受下來。至今我都還難以想像，母親當年是如何渡過那些艱苦的日子？

前些時候，我與母親閒話家常，還聊起了這些往事。她狀似回憶地說：

「在那一段苦日子裡，即使怨天尤人也解決不了問題。心裡想的，只是趕快捲起袖子、拉起褲管，無論是多麼粗重或勞累的工作，也都只能接受，否則，要如何養活你們這麼多孩子？」

毋庸置疑地，中年以前，母親那段生活的寫照，以「胼手胝足」四個字來形容，那是絲毫都不為過的。

真可謂「吾少也賤，故多能鄙事」。為了維持這個龐大家計的開銷，母親任勞任怨地接受了許多以勞力為主的工作。雖然前文曾經約略描述，但，此處值得再提。

坦白說，母親是一位氣質高雅、眉清目秀的弱美女子，而那一段艱辛困苦的歲月裡，她居然無怨無悔地做了不少一輩子都難以想像的工作，諸如：代人洗衣、工廠幫工、籐竹製品家庭代工、賣冷飲、賣香蕉、賣粽子、經營小雜貨店以及漫畫書出租店……等。

這些工作中，我印象最為深刻的是小雜貨店的經營。因為，當時我已經是國小三、四年級的學生，是母親的最佳看店幫手。由於除了照料雜貨店之外，母親還有許多其它的家務要忙，這時，就需要有人幫忙看店了。

說實話，我和母親一樣，非僅能幹而且反應也機靈，絕不會讓自家的小本生意吃虧的。何況，我的功課向來名列前茅，因此，母親對我幫忙看店之事非常放心。

現在回想起來，幫忙母親看店的那一段憶往，應該是我年少時的快樂時光之一。

母親年輕時氣質高雅、眉清目秀

因為，看店時，我可以邊作功課邊招呼客人，而空閒時，也可以邊看漫畫書邊吃點零嘴。而這樣的幸福，在以前我是未曾經歷過的。

此外，更彌足珍貴的是，我從母親那兒學會了做生意的一些簡單道理。諸如：在進貨時該如何討價還價，以及如何進一步瞭解及因應顧客的不同需求。我在想，今天我會念到管理博士的學位，不知是否從小跟在她身邊耳濡目染有關呢？

最難能可貴的是，年輕時胼手胝足的母親，勤儉治家的習性始終未改。即便是九十八歲高齡的她，早已沒有了經濟上的壓力，但是，她老人家在生活上，依舊是秉持著極度節省及惜物的美德。

就拿餐桌上的衛生紙為例，飯後拭嘴的一張紙，她可以拭完嘴後，將它摺成對半，然後，留到下一餐再使用。

此外，我幫她準備了一些養生及保健食品，希望有助於她的營養均衡。但，她總是和我討價還價地說：

「阿堯，我都這麼老了，不需要這些補品，別再花錢浪費在我身上了！」

我那裡肯聽從她的話，馬上回應她說：

「媽，就是因為您已經這麼老了，才需要更多的營養品來補充身體的不足。媽！請聽我的話，好好服用吧！」

雖然，這件事她不是百分百的情願，但，我這個么兒的話，她還是聽進去了。畢竟，她能感受到這個么兒的孝心。

啊！這就是我的母親，中年以前的胼手胝足歲月，以及一生無怨無悔的為這個家庭奉獻。留下的是，除了家運已經振興的褚家之外，更賜給了我們這些兒女，那些難以計價的無形珍寶。感謝您！母親！

虔誠信佛，菩薩恩持

「每當我遭遇到生活上的困境，或心靈上的挫折，而不知該如何解決，才能繼續走下去的時候，我就走到「觀音亭」去祈求觀世音菩薩為我指點迷津，而每次總是得到很大的加持。」

好幾次與母親閒話家常時，她都這麼地對我說。

「觀音亭」位於新竹市竹蓮街與南大路交口，又稱「竹蓮寺」，主奉觀世音菩薩，香火鼎盛。由於離我們老家很近，因此，每當母親內心深感無助的時候，都會前往祈求菩薩賜給她力量，讓她不再陷入孤立無援。

這樣的紓解管道，對於母親艱辛、坎坷的前半生而言，無論在心靈及精神上，確實發揮了很大的平衡與安定效果。因此，母親的一生與觀世音菩薩特別有緣，可說是菩薩的超級粉絲，連我們幾位兄弟都受到她的感化，家中也都供奉著觀世音菩薩。

母親在竹蓮寺（觀音亭）禮佛

母親和父親在北大路育樂巷老家的舊照

母親在食品路141巷老家的舊照

母親在食品路老家為孫子們包粽子的舊照

此處值得再提的是，當年我從「北大路育樂巷」搬遷到「食品路」新宅時，母親專程為我請了一尊觀世音菩薩聖像（母親還指點我，入宅前必需先請到觀音亭去過爐及加持）。

之後，我又從「食品路」搬到「綠水路」現址時，這尊觀世音菩薩也跟著請了過來。我和母親都非常喜歡祂，每天早晚都會向祂禮佛。能有這樣的好習慣，我必須感謝母親，從小就讓我有此佛緣，耳濡目染地跟着她學習。

除了觀世音菩薩之外，母親對「媽祖」也很虔誠、親近。至少這五、六年來，我每年都盡可能地載她到「龍鳳宮」（竹南鎮龍鳳里後厝仔），去向全台最高最大的媽祖聖像禮佛。

雖然母親自九十五歲以後，行動已不如往昔般的敏捷與靈活。然而，每次到了那兒，在一樓拜完之後，她又要求上二樓，甚至還想上三樓去朝拜室外的大媽祖呢！

由於該廟並無電梯設置，說實話，行動不便的母親實在不宜上樓。但，拗不過虔誠的老母，我只好和外傭瑞塔以輪椅將她推至樓梯口近處。然後，母親右手拄着拐杖，我則在左側，小心翼翼地攙扶着她，費了九牛二虎之力，好不容易才將她送至二樓，恭恭敬敬地向媽祖及諸佛菩薩們禮拜。

然而，在二樓拜完之後，她還希望能到三樓去。我是近乎拜託及央求她，請她能否打消此意。她望著我的眼神，不忍我如此地為她擔心，也就勉為其難的順了我的意。啊！感謝菩薩保佑！

母親與我在竹南龍鳳宮前合影

她這種虔誠至極的心，真是令人感動及佩服。無怪乎母親的後半生會有非常好的福報，因為，除了她待人處事的成功得宜之外，還有這麼多的佛菩薩在保佑着她及加持着她呢！

如今，高齡九十八歲的母親，依然秉持着每天禮佛的好習慣。而且，我幫她在枕邊備置了一部音響，每晚睡前在她躺下之後，便開始播放着佛菩薩聖號。音量柔和而順耳，她雙手合十地跟着默念，在諸佛菩薩的加持及保佑下，很快地便進入了夢鄉。

我的母親，她對於許多禮教及信仰，雖然向來說得不多，但總是自己率先以身作則。而我從小在耳濡目染之下，也跟着學、跟着做，許多生活上的好習慣也就因此而養成。

記得母親常對我們說：

「褚家沒能給你們什麼家產，所能給的，就是讓你們盡可能的受到良好的家庭教育，以及正規的學校教育，使你們成為堂堂正正的人，而對社會有所用處。」

雖然這並非什麼了不起的大成就，但，她確實是做到了。至少，褚家每個做為她子女的，都是如此的均質和正當。

然而，我更感恩於她的是，在她的熏陶下，影響了我這一生對宗教信仰的方向，使我在生命中以及生活上，無論是精神面或是心靈面，都得到了很大的裨益。此點，毋庸置疑地，又是一樁她老人家賜給我的無價之寶。

豁達自在，樂觀不懼

對於一個出身寒門、從小失怙、又兩度做為不同家庭養女的母親而言，幾乎就已注定了她從孩提時起，必須過著較諸常人還要艱辛、坎坷的日子。

即使婚後，原本寄望能有苦盡甘來的一天。然而，沒想到夫家的家道式微，又陸續生下了十個孩子。自此，龐大的家計重擔幾乎全部落在母親一個弱女子的身上。

那個年代——民國二、三十年前後的舊日台灣，屬於物資缺乏的農業社會。很難想像，母親這麼一位弱女子，面對如此困厄的窘境，她是如何渡過的？

母親之所以那麼令我敬佩的原因之一也在此，她不是一個遇到挫折，就懷憂喪志的人，更不是一個逢遭困境，便怨天尤人的人。相反的，她能夠豁達地接受命運，並將困境視為一種挑戰。

以這樣的心態去勇敢面對，結果，反而激盪出連她自己都料想不到的潛能。放眼一路走來，她確實克服了無數大小的困境。坦白說，褚家今天的家道可以在社會上抬頭挺胸，母親絕對稱得上是褚家的首要功臣。

以孩子的教育問題來說，當時褚家的家境，連最基本的溫飽都已是個大問題，也就甭談要接受更好的教育了。通常在如此情況下，一般父母都會將孩子們送到店鋪或工廠去當伙計或學徒，藉以幫忙及減輕家計的負擔。

而我的母親却不這麼做，幸虧有她，不，應該說，幸虧有英明的母親，我們這些兒女們才能都受到很不錯的教育。回想起當時，如果沒有母親的睿智與堅持的話，那是絕對不可能的。

我常這麼想，如果，當年我是被送去店鋪當伙計，或是工廠當學徒的話，今天的我會是怎麼樣的人呢？說實話，我還真不敢想像呢！

說實話，母親與眾不同的「豁達自在」特質，我是由衷地敬佩。從她告訴我的過去艱苦歲月裡，每當她遭逢生命中的困頓，或生活中的挫折時，當下不免也會受到一時的打擊，但，很快地，她就能夠設法調適並跳脫出來。

如果說，她是一位「不倒翁的樂觀巨人」，那是一點也不為過。當然，遇到不如意的事，她也會痛苦、也會難過、也會傷心、也會煩惱、也會無助、也會擔憂……，畢竟，她也是一個凡人。

但，這種低潮時間不會停留太久。換言之，她會像是一個「不倒翁」似的，雖然會有低潮的片刻，不過，絕對不會因此而倒地不起。同時，她總是告訴自己，別忘記盡量面帶笑容以對，因為，笑容可以產生力量，讓你更無懼地去勇敢面對。

她，真是一位值得令人學習的「樂觀巨人」。

即便是此刻已是高齡九十八歲的她，依然隨時展現出「豁達自在，樂觀不懼」的氣宇。說實話，通常這麼大歲數的長者，生活上難免會有諸多不便之處，或健康上多少會有不順之時，甚至，心靈上也會有起伏不定之情。

然而，母親泰半都能夠設法化解並渡過。我不知道她是如何辦到的？雖然，她也只是一個凡人，但，我確定她絕對是一位「不平凡的凡人」。

閒聊時，母親偶爾也會將她的人生經驗不著痕跡地傳承了給我。記憶中，我遇事不順時，她曾經對我說過：

「阿堯，『日子難過，天天過』，既然『痛苦是一天，高興也是一天』，那麼，你是不是應該選擇高興的過一天呢？」

母親絕對是有資格來教導我的，因為，這一生她所遭遇過的所有困境與挫折，幾乎都是藉由如此心態而得以跳脫的。

此外，她更傳授我一個訣竅。她篤信觀世音菩薩，而且非常虔誠，因此，每當她遇事挫折而心情無助時，她就很誠心地、很篤信地把一切交給菩薩，祈求菩薩來指引她。

結果，她原本就具有的「豁達自在」與「樂觀不懼」的正面特質，在觀世音菩薩的保佑及加持下，總是及時展現，而且，力量及效果更是發揮無遺。

母親的這些珍貴生活經驗、生命哲學、以及信仰力量的諸多訣竅，我都在朝夕相處的耳濡目染下銘記在心。坦白說，這些都是她賜予我的無價之寶，我感謝她，也感謝上天賜給了我這難得的傳承機緣。

內斂低調，顯時忘名

在本書中多處我曾提過，母親的前半生，比一般人都要來得辛苦備至，她所嚐過的不少苦頭，更是筆墨所難以形容。但，終究憑着她無以倫比的堅強毅力，以及她的靈敏聰慧，化解了無數的困境，而褚家的家運也才得以重振。

我常這麼想，虔誠的母親畢竟有著觀世音菩薩在護持著她，總會在需要的時候，賜給她無形的助力。而說實話，菩薩待她也不薄，雖然她的前半生很辛苦，但，她的後半生算是很有福報的。

至少，今天的母親，她非僅是博士的母親、教授的母親、名師的母親，也是作家的母親、董事長的母親、執行長的母親、總經理的母親……。

如果以母親的那個艱困年代，以及她的窮寒背景而論，要能單憑自己的一雙手，培養出這些均質的兒女來，真的不得不佩服及讚嘆她的偉大。做為兒子的我，由衷地要對她恭敬地說：

「母親，您真的好了不起！」

當然，一切功勞及榮耀都要歸屬於母親。但，令人更加敬佩的是，她卻從不居功。她很謙虛地對我們這些子女們說：

「我只是做了身為一位母親應該盡的責任而已，你們的成就完全是因為你們自己努力而獲得的。」

你看，她就是如此的「內斂」和「低調」。

除此，她更是一位「顯時忘名」的偉大女性。雖然她持續地做了不少善事，但，總是內斂而不居功。尤其，許多重大事績明明是因她而成就的，但，她總是低調而不重名望。

如前所述，早在多年以前，就有人曾經熱心地想推薦母親，接受新竹市政府「模範母親」的表揚。說實話，我這做兒子的，並非偏袒自家的母親好，真的，她絕對是實至名歸。

但，自始至終母親都堅持不肯接受這項殊榮。就連我算是對她較有說服力的，也難以改變她的心意。她很平淡的對我說：

「我為你們這些兒女所做的一切，向來都是順乎自己的良心，而並非為了一絲虛名；倘若我去接受表揚的話，那豈不是違反了我自己當時的初衷呢？」

再以去年我和母親共同發起的教育基金會來說，她也是非常的內斂與低調。當時，母親很樂意地捐出了錢來，但，堅持基金會絕對不能以她為名。這點，又讓我傷透了腦筋。

因為，我之所以要以她老人家的名字做為教育基金會的會名，其實是有着深遠意義的。正如同本書所言，母親一生慈悲為懷、熱善好施，她的親身故事可以透過基金會的執行，藉此抛磚引玉，呼籲更多社會人士及機構，有錢出錢有力出力，一齊投入回饋社會的實際行動。

為此，政府規定的教育基金會創始基金的兩百萬元中，我和母親各自捐贈了一百萬元（母親是從她一輩子省吃儉用的儲蓄中捐獻出來的）。

其實，我原本不想讓母親出錢，而希望想由我一人獨自認捐的。但，既然認為以德高望重的母親為名來號召，將會更具份量以及發揮影響力。那麼，也讓母親自己慷慨解囊的話，對她而言，其意義就更為深遠了！

好不容易，我真的費了九牛二虎之力，也花了很長的時間，終於說服了母親，同意以「褚林貴教育基金會」為基金會的正式名稱。

接着，另一道難題又來了——董事長人選問題。我當然是希望由母親來擔任，尤其，第一任董事長人選，更是非她老人家莫屬了。因為，只有她才是德高望重，只有她才深具號召力，也只有她才真正是實至名歸。

正如我所料，她的反彈非常強烈，執意不肯接受這項頭銜。幾經費盡口舌之後，我總算以一個她確實難以拒絕的理由，向她曉以大義：

「媽，您既然已經答應以您為名成立基金會了，那麼，第一任董事長就該請您來當，那才更有意義呢！」

「如果您不當的話，我們幾個兄弟中，選誰來當，都不是很恰當的事，只有您出來擔任，那麼，事情就解決了。」

「沒關係，媽，您放心，您只是掛名坐鎮。基金會的一切事務，全部由我來負責及承擔。」

最後，好不容易，終於取得了她的同意。她說：

「阿堯，我們講好，就僅此一次，下不為例哦！」

這件事，其實最高興的還是我。因為，與母親共創基金會來回饋社會，一直是我近年來最大的心願。尤其，能夠以母親之名為基金會命名，並且由母親來擔任第一任董事長，那就更具意義，也更有紀念價值了。

感謝佛菩薩的保佑及加持，讓此事得以順利達成。

母親行事風格的內斂及低調，還不僅止於前述諸事。以下，再拿前年我為她而寫的書「話我九五老母——花甲么兒永遠的母親」為例。

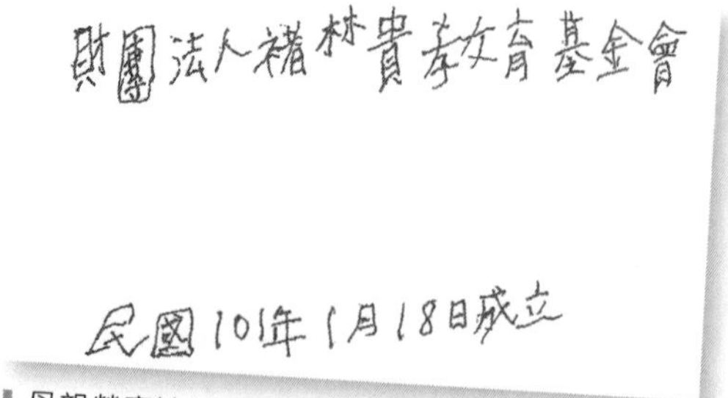

母親榮膺褚林貴教育基金會創會董事長後，在基金會facebook上之Logo題字

此書出版發行之後，坦白說，讀者的反應算是很熱烈的。其中，有主動向基金會捐款的；也有人寫信來肯定該書的主旨及內容的；也有人表達希望我能繼續以此題材再寫一本書的；也有人請我至該機構做專題演講的。

甚至，也有熱心人士牽線，希望能夠安排電視記者，向母親進行電視專人採訪，藉此宣揚母親的德操、善行，以做為社會一般人士學習的典範。

不用說，當我向母親報告這件事時，又被母親著實數落了一番：

「阿堯，以後能不能別再提這類的事，我那有資格去被採訪及報導呢？像我這樣的母親到處都是，其實，我並沒有比較特別之處。」

「何況，這輩子我為你們這些子女或這個家所付出的，一切都是心甘與情願的，也是無所求的，更不會想到藉此而出名。你陪在我身旁最久，應該最瞭解我才對！」

這次，我選擇了對她老人家完完全全的尊重。她說的極有道理，她確實就是這樣一位既謙卑又偉大的女性。我很榮幸她是我的母親，能做為她的兒子，我真的是與有榮焉。

「內斂低調，顯時忘名」，簡短的八個字，但，代表的是，一個人的德操、一個人的胸懷、一個人的格局、更是一個人的境界，而我的母親便是如此的一個人。

身處困境時，她可以默默地接受與面對，並且不怨天也不尤人。而一旦顯赫可以揚眉吐氣時，她的身段又是何其「內斂」與「低調」！

坦白說，「顯時忘名」的涵養，並非每個人可以輕易做得到的。然而，這對我母親而言，似乎卻是她信手捻來的功夫，豈能不教人佩服？而這點，當然又是她透過身教，傳承給我的人生無價之寶。

總而言之，至此我花了兩章的篇幅，把我從小到大在母親的身旁，有幸耳濡目染她的言教與身教，儘量以事實及故事題材為背景，去描述她這一輩子在「待人」、「處事」、及「心靈」等三大方面的德操與涵養。

對我而言，母親就如同是我這一生中的「上師」與黑暗中的「明燈」。

我視母親的這些德操與涵養，是她賜給我的人生無價之寶。不忍藏私，特將其詳載如這兩章所述，並摘述精要綱目如后。期能與褚家目前及後代子孫們共勉，並確實效仿學習她老人家的風範。

同時，若能再與有緣看到本書的讀者們，一齊來分享我母親的人生哲學，尤其在如何接受及面對無常生命以及多變生活時，一些既實際又寶貴的經驗與智慧，如此，更為本書之所盼。

母親賜給我的無價之寶

〈綱要彙整〉

一、圓融的待人哲學

1. 待人大肚，慷慨隨和
2. 善解人意，體恤人需
3. 手足相愛，家和事興

二、睿智的處事態度

1. 理事聰慧，接物靈敏
2. 苦中作樂，忙裡偷閒
3. 貧時忘憂，養生有道

三、豁達的心靈氣宇

1. 胼手胝足，無怨無悔
2. 虔誠信佛，菩薩恩持
3. 豁達自在，樂觀不懼
4. 內斂低調，顯時忘名

第7章

特別思念母親的日子

我和母親相處的時光很長，除了一些短暫分別的日子外，幾乎同處一個屋簷下。當母親暫時不同住時，我真的會有幾許落寞與孤寂之感，經常不由得想到母親在身旁的千萬好。而這種特別思念母親的日子，在我的記憶金庫裡，有很多是值得提筆作記的，在本章中我拿出來與大家分享一二。

我和母親相處的時光很長，這一輩子，除了一些短暫的分別之外，幾乎都是住在同一個屋簷下。雖然我還有其他幾個兄長，但是，坦白說，母親還是最喜歡住在我這兒，而我也最希望、最歡迎她與我同住。

這或許是我和她的母子情份特別深厚吧！我們之間的相處非常融洽，她始終是令我從心坎深處，就心甘情願很想孝順她的一位母親。不僅是因為如本書所言，她是一位令人敬佩的慈祥長者之外，尤其，她明理、客氣、又總是虛懷若谷。

她幾乎很少給兒子或媳婦們壓力，因為，她總是心存感恩於我們願意接納她。雖然她毋需如此客氣（因為，她其實是振興褚家家運的最大功臣），但，修養極佳的她總是如此謙遜。

說實話，高齡已經九十八歲的她，日常食衣住行等生活起居相關的事務，必須由我、妻、及外傭瑞塔花更多的心力來照應，但，事實上，由於她的與我同住，讓我的心靈反而倍感安定及更為踏實。

因此，每當母親不在家時，我真的會有幾許落寞的孤寂感。這樣的情景，雖然不常有，但，發生時，卻是非常的強烈和深刻。每每這個時候，總會想到母親在身旁時的千萬好。

這種「特別思念母親的日子」，在我的記憶金庫裡，有很多是值得提筆作記的。以下，略述一二與讀者們分享。

破舊棉襖，常溫我心

事情大約發生在民國五十年左右，當時我應該是國小二年級。家徒四壁的窘境，每每讓母親承擔了艱困無比的生活壓力，而且，幾乎是喘不過氣來。

有一次，母親為了家計相關的事情，和脾氣不好的父親發生了很大的爭吵。一時在深受委曲又氣憤之下，很無奈地到二姊家暫住了一陣子。

我和大我三歲的四哥，當天晚上很快地發現，母親突然整晚都不在家。而且，直到我們不得不上床睡覺時，仍然不見她的踪影。當時，小小的年紀不明就裡，內心自然焦急萬分。

隔天清晨醒來，發現依然未見母親的踪影，才驚覺問題的嚴重性。兄弟倆在情急之下商量後，趁着父親不注意時，分別將自己的書包偷偷藏在大床底下，然後，連袂逃學尋找母親去。

這是我和四哥倆，這一輩子，第一次也是僅有的一次逃學經驗。

我向來總是循規蹈矩，也不知從那兒借來的豹子膽，竟然敢呼應四哥的提議，做了如此偌大的違規行為。

只有一個原因，那就是，自小到大，母親從來沒有過不在我身邊的經驗。那次的突然不在家，對我而言，在幼小的心靈裡，確實是一段特別思念母親的日子。

我和四哥藏妥了書包之後，趕緊走出家門，父親完全不知道我們沒有去上學。

經過我們兄弟倆的分析及討論後，決定第一站就往當時住在府後街的二姐家去找。因為，我們料定那是母親最有可能去的地方，其實，也應該是她唯一能去的地方。

一路上，我內心忐忑不安。萬一母親不在二姐家，該怎麼辦呢？她還會去那裡？想着，想着，小小的心靈就愈覺難過，眼淚也禁不住地留了下來。記憶中，那是上學略為懂事以後，對母親最感思念的一次了。

果然，一進二姐家門，就看見母親正在廚房裡忙著整理一些雜務，而二姐及二姐夫早已上班去了。廚房及餐廳是連在一起的，面積不大，已經被母親打理得既整齊又乾淨。

我一眼望見滿臉憔悴的母親，從她心情顯得非常沉重的模樣來看，想必昨晚定然哭了一整夜。看著，看著，我就更加傷心難過，不禁放聲大哭：

「媽，昨天您怎麼不告訴我們就走了？我好想您哦！」

頓時，我們母子三人哭成一團。

母親左右手分別摟住了我和四哥，雖然，她傷透了心，但，此時，她的心情受到了一點慰藉，畢竟，她的兩個小兒子，冒着逃學之過，以第一時間來尋找她。

雖然當時我才國小二年級，但，我知道，母親必然是受到極大的委屈，才會逕自拋下我們暫時離家出走的。然而，最令我敬佩的是，她竟然絲毫不向我們數落父親的不是。

她把所有的不滿及怨氣，全部往自己的肚子裡吞。這樣的隨緣認命，這樣的胸懷與肚量，第一次在我幼小的心靈裡，產生了從未有過的震撼，深覺母親絕對不是一般的凡人。

暫時住在二姐家的母親，自然不可能待得太久。畢竟，我們這個家，幾乎是不能一時一刻沒有了她。

「媽，您一定要趕快回家來哦。您放心，我會聽您的話，也會做一個用功讀書的好孩子。」

回想當時，我就已懂得用這樣的溫情方式，希望感動母親受傷的心，而早日回到家裡來。

事實上，母親住在二姐家的那一段日子裡，我幾乎每天都想去看她。但，即使是市內，在那五十年代左右的台灣，交通諸多不便，我年紀又小，幾乎是不可能的事。

因此，想念母親的盼望之情，每日俱增。回想起當年往事，那確實是生平第一次，我最思念母親的日子。

值得一提的是，在那段日子裡，母親為我和四哥，留下了一樁也許是個極其平凡的小事，但，對我而言，却是一輩子都難以忘懷的深刻回憶。

事情是這樣子的，母親暫住二姊家的那個時節，大約是在初冬。而五十年代地球的氣候尚無明顯暖化的現象，因此，台灣北半部冬天的氣溫，相較於今天寒冷多了。

印象中非常深刻，每當清晨時分，家門外路旁野草上的露水，還會凝結成白霜呢！這種景象，在今天的台灣幾乎是不太可能見到的了。

四哥從小體質就比較弱，因此天生怕冷。當時家裡的環境非常貧窮，經濟條件上根本買不起較為保暖的冬衣。而窮人家解決這問題的辦法便是，多穿幾件夏天的衣服在內裡。然而，遇到大寒流來時，這辦法其實也不太管用。

母親這年為了幫我們解決禦寒的問題，就利用暫住二姐家的這段日子，親手和二姐共同替四哥和我，分別縫製了一件厚棉襖。還特別將棉襖的尺寸加大許多，為的是讓我們能夠持續多穿幾年，這種做法對當時的窮人家而言，是司空見慣的現象。

這件棉襖說來可是有學問的，裡頭所使用的棉花是舊品，是母親從已破損的舊棉被中剝離下來的；而棉襖內裡的布料也是舊品，取自於其他準備淘汰的衣服，然後，再將它們一起拼湊、裁製而成的。

母親為我縫補毛線背心的鈕釦——慈母手中線

網路上蒐尋的類似破舊棉襖

夠克難了吧！但，又何妨，反正，棉襖是穿在裡頭的，別人也瞧不見，保暖才是重點。

坦白說，這件棉襖還是當時我穿過最感溫暖的衣服呢！當然，聰慧靈敏的母親費盡心思，不僅將棉襖尺寸加大了許多，同時，也加厚了舊棉花的使用量，因此，穿起它來，就感覺非常的紮實和保暖。

尤其是，在當時那種特別思念母親的心情之下，對母親所親手縫製的棉襖禮物，更是感覺到「慈母手中線」的無限愛心與溫情，頓時間，也讓這件棉襖添加了更多的暖意。

後來，這件棉襖陪伴着我過了好長的一段日子。歲月之間，它，破了又補，補了又穿。

它，真是一件十足的破棉襖，但，它，却又始終讓我感到溫暖如昔。

它，不僅陪伴我走過童年，也經歷了青少年，直到將近成年，我再也穿不下去了，才被擱置在老舊衣櫥的某個角落。我原本想將它保留一輩子的，因為，我年輕時的滿滿溫馨回憶，就寄存在它的身上。

然而，可惜的是，也不記得是在什麼時候，或許是歷經了兩次搬家的緣故，也或許是應該怪罪自己的大意吧。舊棉襖居然不見了，再怎麼也找不著了，我終究失去了它。如此的疏忽，今天想起，心中仍然感到極大的遺憾和不捨。

雖然，舊棉襖早已離我遠去，但，這個陳年憶往的故事，却始終不曾離開我這已年逾花甲的記憶金庫。而且，不定期地，它會自動跳出視窗，好像在提醒我，要我隨時緬懷那過去彌足珍貴的日子裡，有著我和母親之間母子情深的刻骨銘心。

坦白說，我很高興在我的記憶金庫裡，曾經擁有過那一段「特別思念母親的日子」。

而透過本書的記載，它正如同一座珍貴的資料庫，讓我能夠不受時間的限制，得以隨時進入記憶的甬道，去尋找並回味那一段歲月中，既感人又溫馨的陳年憶往。

真的，我何其有幸，命運中遭遇了「特別思念母親的日子」。雖然，當時幼小的心靈或許不免悲傷，但，如今回憶從前，那些曾經低潮的日子，卻成了今天最能溫暖我心深處的難忘歲月。

第8章

能夠常看到母親是一種幸福

或許你是個常年在外的遊子，也或許妳已經嫁作人婦，或是有其他任何理由，而令你無法經常看到你的母親。但，這些其實都不是理由。別以為自己還年輕，也別以為時間會永遠等著你。在本文中，我描述了多年來每當母親不在身邊時，我對她的思念之情，以及渴望看到她的心境，希望藉此提醒為人子女者，正視「能夠常看到母親是一種幸福」。

人生在世數十寒暑，有時候，能夠平凡地過日子，那也是一種福氣。舉個例子來說：「能夠常看到母親是一種幸福」，這句話不知道你是否也感同身受呢？

其實，有許多幸福，未必一定要如想像中那麼地偉大。相反地，在平凡中往往也是能夠找到幸福的。

我絕非誇大其詞此事，且容我提出一個問題：「你真的能夠隨時經常看到你的母親嗎？」

如果答案是肯定的，那麼，我要恭喜你，或許你還年輕，也或許你是屬於幸運的一群。

倘若答案是否定的，而你尚有機會去做到的話，那麼，我就要勸你趕緊檢討及反省自己，要好好把握及珍惜能夠看到母親的時刻。

也許你是一個常年在外的遊子，也或許妳是一位已嫁出去的女兒，……或任何其它的理由，使得你無法經常看到母親。但，我要告訴你，除非你與母親已經無法見面了，否則，那些理由都不是理由。

千萬別以為自己還年輕，也別以為時間會永遠等著你。我算是很早就省悟到這層道理，因此，我算是屬於幸運的一群。

我不敢藏私，特藉本文描述這些年來，當母親不在我身邊時，我對她的思念之情，以及渴望看到她的心境。希望與為人子女們一齊分享，並喚起大家對「能夠常看到母親是一種幸福」的正視。

母親不在身邊的日子

母親是在她九十五歲那年起，才開始定居在我這兒，而不需要再定期遷移了。在此之前的多年來，母親一直是在大哥、四哥、和我三個家庭之間輪流住宿的。

因此，短則三個月，長則半年（通常在我這兒時，住的時間會比較長），她就必須遷徙一次。坦白說，這對年事已高的母親來說，其實是很不方便的。

但，善解人意及總是設身處地為媳婦著想的母親，她堅持必須如此。因為，她認為，畢竟兒子有這麼多個，不應該把孝養母親的責任，讓一位媳婦來全部承擔。

就這樣，母親每隔一段時間就會南下到台中去，在那兒停留三個月左右的時間。（四哥住在台中市，我和大哥則一直定居在新竹市）。當然，照顧母親的外傭瑞塔也是跟著一起遷徙的。

大哥住在田美三街，離我住處並不太遠，幾條街道之隔而已。其實，新竹市區本來就不大，因此，每當母親搬離我這兒到大哥家去住時，那種分別的疏離感並不會很大。

至少，除了經常可以電話聯繫之外，只要我想見她的時候，也可以隨時去看她。若是不塞車時，則車程大約只須十分鐘便可抵達。當時，由於妻每週四晚上都有「廣論」佛學課，因此，我會利用那個時段，下班後直接到大哥家探望母親，陪著她一起用晚餐，並閒話家常。

「來，很久沒吃紅燒豬腳了吧！吃一塊，很好吃的。」

母親知道我向來喜歡吃帶皮的豬蹄膀，便要求大哥大嫂買來煮，並佯稱說是她自己想吃的。其實，我知道她是為我而設想的。

為了迎合她老人家的體貼，我大快朵頤地吃給她看。其實，我雖然喜歡吃，但也怕吃多了會發胖。然而，此時也顧不得那麼多了，我不能辜負她的一片好意。

當時，每週六或週日的一天，妻會和她的母親及姊妹們到南部去拜拜。而假日我也很少有事情要忙的，因此，便利用這個空檔，到大哥家把母親接出來，載她到新竹市郊附近兜兜風，透透氣。

原則上，我不會帶她到太遠的地方去。總是在鄰近的景點，諸如：青草湖、南寮魚港、十七公里海岸風景區、十八尖山、新埔三聖宮、竹南龍鳳宮、海浦新生地、獅頭山獅尾藤坪山莊、五指山、古奇峰、市區、西大路及北大路老家……以及科學園區的靜心湖等地。

我這麼做，是有必要的。因為，對母親而言，她整個星期都待在家裡，不僅行動空間有限，而且，生活內容過於單調。週末盡可能帶她到處走走，接觸一下外界的事物，可以幫助她保持頭腦的清晰，以及反應的靈敏。

就此，即使母親不在我身邊的日子，但，只要她是住在新竹大哥家的話，當我想念她時，隨時要探望她，都還算是挺方便的。畢竟，空間及時間都不致於構成太大的問題。

不過，每當母親搬離新竹，到台中四哥家住的時候，那便是我另一段「特別思念母親的日子」的開始。

雖然，台中與新竹之間的距離不是很遠，但，若以火車加上計程車以及等車的時間來算，單程都要花上二小時至二小時半左右（以「自強號」而言）（又，高鐵雖快，但，接駁轉車所需花費的時間反而更長）。

因此，每當母親在台中的日子，由於空間及時間的阻隔，造成了許多不便，使得我無法像她在新竹大哥家時，那麼方便地可以時常去探望她。原則上，我大約兩個星期左右到台中去看她一次。

自此，母親從與我同住的每日朝夕相處，變成在大哥家住時的每週見一至二次面，以至於她搬到台中四哥家住時的兩週探望一次。這些在時間及空間上的疏隔，無形中，都加重了我對母親的思念之情。

在那些無法見面的日子裡，我經常打電話到台中給她，幾乎是每天都會聯絡。但，為了避免打擾四哥及四嫂的生活步調，我儘量在他們下班以前撥電話給母親。除了對她噓寒問暖之外，我經常會問她有什麼欠缺或需求的？我會在下次到台中探望她時，給她帶去。而答案通常是：

「阿堯，我這兒不缺什麼，你四哥及四嫂都準備得很週全。」

她是一個既體貼又客氣的人，我很瞭解她，即便是她真的有需求，除非必要的話，她也不會輕易提出。因此，問歸問，其實，我內心早已盤算好了，每次探望她時，總會為她帶些什麼東西去。

「媽，明天早晨我會搭八點四十分的自強號到台中看您，到達車站時約九點四十七分左右，再轉搭計程車，估計應該十點半以前可以抵達您那兒。晚上您早點休息，我們明天見。」

通常，我會在去台中看她的前一天傍晚，再打一次電話提醒她。其實，根本不用我提醒，只要在此之前告訴過她一次，她是不會忘記的，她的記性還是相當的好。

照顧她生活起居的外傭瑞塔曾經告訴過我，每次我要從新竹到台中看她的前幾天，母親都會很期待，心情也會特別的好。我當然置信不疑，因為，母子連心嘛！更何況，毋需否認的，我確實是她最疼愛的么兒呢！

別說母親會期待這天的到來，其實，我要比她更加期待呢！畢竟已經兩個星期左右不見了，還滿想念她老人家的。這時候，才真正體會到，能夠早晚都看到母親，那是看似稀鬆平常，但卻是非常幸福的一件事。

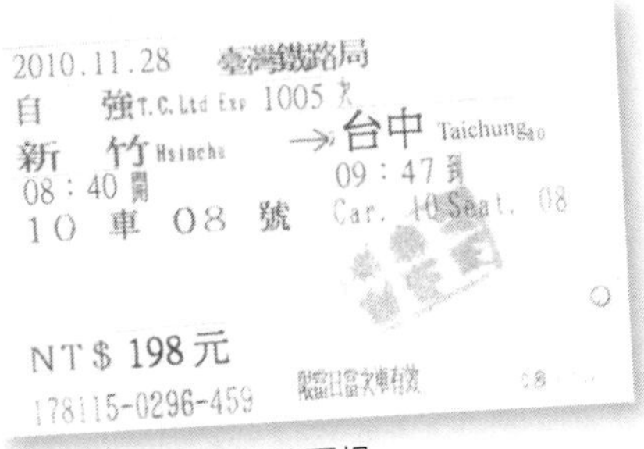

新竹往台中自強號票根

我起個大早，心情特別輕鬆愉快，因為，今天我要到台中去探望母親了。在幾天前我就預訂好了車票，是車次1005從基隆開往高雄的自強號列車。我在新竹站上車，上午八時四十分，車子準時離開月台，正載著一位思母心切的么兒，駛向在台中那一端，也盼望著與子相見的老母親。

「喀隆喀隆……喀隆喀隆……」，火車規律的疾馳聲音，飛快地遠離市區，劃破了田野的寧靜。窗外，一幕幕既熟悉又陌生的景色，像默片影帶般地映在我的眼前。陌生的是，有多久的時間我沒有搭乘火車了？尤其是，我幾乎想不起，上次我一個人獨自搭火車是在什麼時候了？應該是在我還算年輕的時候吧？

而如今，我竟然已是個年逾花甲之年的老者了。唉！真是逝者如斯！

平常外出，總是開著自家用轎車，也許會經過省道或鄉間小道吧。因此，想見到田野風光，其實也並不困難。但是，火車鐵道兩旁的景色是不同於省道的，特別是，它有著令我難以忘懷的童年憶往，是任它時光飛逝也無法剝離的。

因此，當我坐定靠窗的座位（通道我會預購靠窗的座位）之後，那種倚窗觀賞車外景色的熟悉感覺，立刻湧上心頭。而且，竟然很快地進入飛速倒流的時光甬道中。

想起了多年以前，應該是民國五十三年前後的事吧。當時，大姊夫的工作派駐在中南部，而且每隔一段時間必須輪調它處。依稀記得，經歷的地區有：西螺、斗六、員林等地。

母親大致每年至少會去大姊家小住一陣子，而且，通常也會利用寒暑假期間，帶著較小的我和四哥一齊去。尤其是年紀最小的我，更是最常陪伴母親一起去的小跟班。

那當然是一件非常美好的事，對我而言，到南部大姊的家小住，簡直就像度假一般。不僅吃得要比原本的好，而且換個環境住，又有小外甥及外甥女一齊玩，這樣的暑假，經常讓我樂不思蜀，總希望暑假永遠不要結束。

尤其是，到大姊家要坐很久的火車。真的，因為母親只買得起每站都得停靠的慢車。你可能很難想像，在那個年代，以燃燒煤炭而產生動力的蒸氣火車，以及縱向排列的一式座位，那會是什麼樣子？當然，你也很難想像，當時低收入民眾的經濟條件，會是何等窮困？

不過，這對我倒好，反正我們又不趕時間。火車開得愈慢，我就可以坐得愈久。坦白說，在那以前，我坐過火車的次數，連五根手指頭數得都有剩。而這樣的機會來了，怎可不好好珍惜？

我靜靜乖巧地坐在母親的身旁，目不轉睛地欣賞著兩側的風光。當時的台灣，尚處於戰後的農村社會，若與現在相比，雖然，鐵道兩旁的景色變化不是非常大，但，我還是比較喜歡往日的台灣，因為，當時多了好幾分純實與樸厚之美。

窗外的景物一幕幕地，既清新又生動的往後推移，我渾然陶醉在其中。突然，一陣飯菜香撲鼻而來，是對座的乘客正在用午餐，吃的是前幾站停車時，月台流動小販在窗外兜售的便當。原本不太餓的我，聞到菜香後，也為之感到飢腸轆轆起來。

月台所販賣的便當，我們是捨不得買的。母親隨即拿出了早已準備好的飯糰及醃漬的小黃瓜，對我說：

「肚子餓了吧！來，一人一個，也該吃午餐了。」

我手捧著大飯糰，一邊大口大口的吃，一邊回應着母親：

「媽！好好吃的飯糰。」

小小年紀的我已經懂得，要體諒並體貼母親的心思。不過，說實話，那真的是很好吃。或許我也已經餓了，但，更可能是在火車上用餐，別有一番風味在心頭吧！

總之，雖是粗茶淡飯之流的午餐，但，無視於別人比我們豐盛的鐵路便當，母子二人卻吃得津津有味。對我而言，能夠在母親的身旁坐火車同行，內心早已感到一陣莫名的幸福了。

這一段兒時的陳年憶往，飛快的在腦海中浮現，好像才是發生在昨天的事。而如今的我，已然是花甲之年的老者矣！

突然，聽到對面迎向而來的列車呼嘯而過，頓時把我從往事回味中喚醒。驚覺，車座上的人已不再是昔日一十啷噹歲的我。

我回到現實世界，此刻的我，正在前往台中的火車途中。雖然沿途的景色大致依舊，但，却已失去了好幾分純實與樸厚的感覺。此外，身旁也沒有母親陪伴着我，而只有一個年紀比當年母親還大的我。至於火車，也不再是從前那種每站都停的普通列車，而是少數幾站會停的自強號列車。

「火車快飛，火車快飛，穿過高山，越過小溪，不知走了幾百里……，快到家裡，快到家裡，爸媽看見真歡喜……。」

「喀隆喀隆……喀隆喀隆……」，火車依舊規律地奔馳着。我望著窗外，腦海裡情不自禁地默唱起，這首不知有多久未曾再唱的兒歌。此時，內心的感動，真是非筆墨所能形容。

當時的年紀小，天真無邪地唱著這首兒歌，但，對於歌詞的內容感受其實不大。反倒是花甲之年的此時，心境掀起了好大好大的漣漪，竟然不由自主地應和著：

「火車快飛，火車快飛，穿過新竹，越過苗栗，不知走了幾公里……，快到台中，快到台中，母子相見真歡喜……。」

啊！台中離新竹雖然不遠，而且不見母親的面也才半個月左右，但，那種思母之情，尤其是當一個人獨自坐著火車要去探望時，感覺特別濃厚。如果以遊子歸心似箭的心情來比擬的話，也是頗為貼切的。

車子終於抵達了台中火車站，時間也才上午九時四十五分左右。不過，台中畢竟是個大站，月台上早已是川流不息的人群。我迫不及待地快步往後站走去，因為，如果從後站出去經由台中路，再到興大路四哥家，是最快的途徑。

才一走出路口，隨即有一位計程車司機向我熱情地招呼着。我毫不遲疑地跳上了車子，約莫十來分鐘光景，就抵達四哥家的樓下。我三步當兩步地快速下了車，突然聽到上方隱約有人叫喚著我名字的聲音：

「阿堯，阿堯，你到了啊！」

我抬頭往上一看，母親由外傭瑞塔陪伴在三樓的陽台，她正熱情地頻頻揮手並叫著我，我大聲回應她之後，立即搭上電梯往三樓去。據四哥說，母親早已在陽台上等我足足半個鐘頭了，雖然她明知我的車班是不會提前到的。

「媽，半個月不見了，您好嗎？」

我趕緊迎上前去，握住她老人家的雙手，凝視着她永遠慈眉善目的容顏，親切地向她問候。這時候，老母與么子相見甚歡，空氣中瀰漫著無限的溫馨氣息。

閒話家常了一番之後，大約半個月以來的大小事，雖然我們在平日電話的交談中已經說過，此刻，再經由母親的重點描述，我就更清楚這段時間她的生活動態了。

隨即，我把這次帶來要送給她的，以及她囑託我帶來的東西，獻寶似地一一拿出來。幾乎每次我到台中探望她之前，都會先徵詢她需要些什麼東西，但，除了她忘了帶的隨身之物，她才會主動要我順便帶去。否則，她總是說：

「都不需要，阿堯，我在這裡，什麼都有的。」

母親就是這麼一位客氣的老人家，所以，每次我都必須花點心思去想想，這次該帶些什麼東西去孝敬孝敬她老人家呢？

回想起那些到台中探望母親的日子裡，我曾經為她帶去的東西，包括：丹麥紅豆麵包、菠蘿麵包、沙拉三明治、進口的無籽葡萄、日本柿子乾、森永牛奶糖、花壽司……等，這些都是她老人家喜歡的食品。

此外，我也會帶去她特別囑託我的，或是我自己想帶給她的日常用品，包括：佛號光碟、太陽眼鏡、黃曆、眼藥水、Nuskin綜合維他命、暖暖包、加州黑棗、Ankh安寇淨體素錠、消炎貼布、上標油……等，這些都是她平常慣用的生活用品及保健品。

我把該打理的東西都先交待清楚之後，母子二人便著實閒話家常一番。沒多久，午飯時間也到了，通常，母親會希望我在四哥家陪她老人家用一餐飯。雖然，我其實不太想打擾四哥及四嫂，但，為了不想讓母親失望，我只好配合了。

說來好笑，每次到台中探望她之後，肚圍好像就圓了一圈回來似地。母親是疼愛我的，她深知我所喜歡的幾道菜，每次都會要求四哥及四嫂特地為我準備。而且，還主動地替我夾菜，好像我餓了許久不曾品嚐這些美食似地。

某次，她還特別要求四哥幫我買「焢肉便當」。因為，她向來知道大鍋焢燒的三層肉，至今仍是我的最愛。而台中的「焢肉飯」是頗有名氣的，母親對我的關愛真是無微不至啊！

我坐在母親的身旁，大夥兒邊吃邊聊，母親的神情顯得相當愉悅，吃得也特別起勁。我當然相信，由於我的到訪，確實讓她非常開心，因為，我和她，真的是母子連心。

四哥兄嫂在台中宴請褚氏家人

母親在台中四哥家留影

飯後，四哥四嫂接著熱情招待，除了水果之外，又是泡茶。我和母親之間，似乎有著聊不完的閒話家常。此外，過去我常會為母親的日常生活點滴留下記錄，因此，隨手拿出了事先準備好的數位相機及攝影機，伺機為母親拍下一些在台中的寶貴畫面。

由於母親的腰椎受過傷（感謝新竹馬偕醫院神經外科郭醫師的悉心治療，母親得以迅速康復），今天她又起個大早，為了等我，一直都未曾躺在床上休息。我擔心她會太累，因此，催她趕緊躺下休息一會兒。但，眼看著她絲毫沒有一點睡意，索性我和四哥到她床邊的座椅，陪著她繼續閒話家常。

見到母親如此的精神抖擻，以及高昂的談話興致，突然，一股暖流從內心深處湧現，覺得自己好幸福好幸福。

只可惜，相聚的時光過得特別快。似乎才是一會兒的光景，就已經是傍晚時刻了。由於我預定的回程車票，是車次１０３０從屏東開往花蓮的自強號，下午五時二十二分之前必須在台中站上車。因此，我最慢也得在四時四十分前搭上計程車離開。

「阿堯，要不要簡單用個晚餐之後再走，這樣，在車上也才不會餓到。」

母親依依不捨地對我說，她的神情也隨之現出了幾許落寞。

我當然知道，這是她的託詞，也深知她老人家的內心深處，此刻正在想些什麼？望著她慈祥的眼神，做為深愛她的么兒的我，我竟然一時不知該如何回答她。

「啊，還是趕快回新竹吧！阿瑩一個人在家裡，快回去，免得讓她等得太久了。」

母親就是如此善良又善解人意，隨時隨地總是為別人設身處地著想，但，就是從不為自己。即使心裡頭有再大的期待，但，也寧可犧牲自己，而這也是為何我始終對她如此崇敬的原因之一。

四哥幫我叫了一部計程車，在上車之前，我很直覺地往樓上看，果然，母親由外傭瑞塔攙扶著，倚在三樓的陽台前，正往下俯瞰著，一看到我抬頭，便向我揮手道：

「阿堯，坐車要小心哦！也要懂得照顧自己的身體，知道嗎?!」

雖然她已經是很大聲的嚷著，但，老人家的音量有限，還好我的耳力很好，趕緊用大嗓門回她的話：

「媽，我會好好注意自己的身體，您放心吧！趕快回到牀上休息，我會儘快再來探望您的！」

說完，我跳上計程車準備前往車站去。隨即搖下車窗往上看，遠遠地，依然看到母親還站在三樓的陽台上，向我這邊凝視並頻頻揮手。我知道，她會目送我直到不見車影後，才會放心地回她的房間休息。

不到三十分鐘的時間，我就已經在月台上候車了。週六或週日的台中車站，可說是車水馬龍，人山人海。火車在五分鐘內就會進站了，我趕緊拿出手機給母親撥個電話：

「媽，我已經在月台上了，火車很快就會進站了，您放心！我會常常去看您，更希望您早日回來新竹住。您自己一定要好好保重，注意絕對不能跌倒哦！」

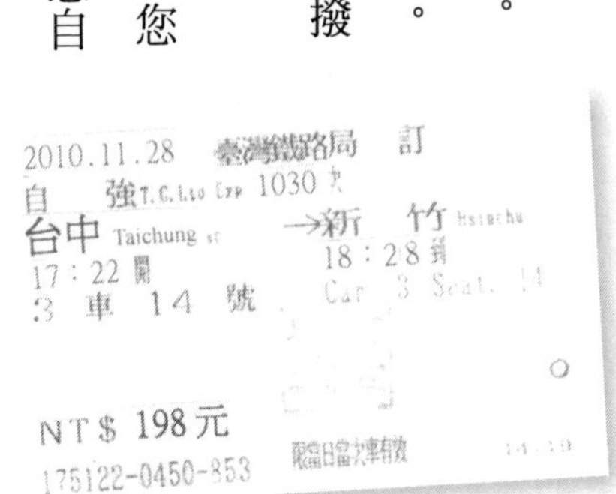

台中往新竹自強號票根

「啊！火車進站了，我必須掛電話了。再見，媽，再見！」

「阿堯，好，再見！坐車要小心哦！」

啊！天下慈母心，千百萬個叮嚀。一個已年逾花甲的老么兒，還能被一位高齡已近百歲的老母親，如此這般的呵護與疼惜。我是不是一個幸福快樂的現代老萊子呢？

「喀隆喀隆……喀隆喀隆……」，和早上從新竹來的時候一樣，火車的鐵軌依舊發出規律的疾馳聲音。窗外，已是華燈初上的另一種景色。我習慣性地靠著椅背往窗外凝視，內心則不時回想著今天所發生的情景。

沒想到，火車才剛離開台中不久，我已經又開始想念起母親了。雖然我明知她住在台中四哥的家是短暫的，最多也不過是三個月左右的時間，就會再回來新竹長住。

但，只要一想到，母親已經是如此高齡了，我經常告訴自己，必須好好地珍惜能夠和她相處的時光。過去，我雖然很早就有這種體悟，也的確很認真地在做。然而，隨著母親年歲的愈長，我的感受也跟著愈加沈重，內心也愈懂得要好好珍惜。

一個人單獨地坐在北上的火車上，兒時，青少年、中年、及壯年……的陳年憶往，一幕幕地浮現又消失在腦海裡。母親她之於我的諸多美好記憶，充滿著無限的慈祥、關愛、與疼惜，讓我的心靈時時泉湧出一股極為溫馨的暖流。

我既無法讓時間停留，也無法永遠抓住那些美好時光的片刻，看來，我只能把握住尚能擁有的現前，同時，好好的感受它，並緊緊的珍惜它。

當然，如果時光能夠倒流的話，一切問題都不是問題，思念也無由構成思念。然而，在沒有思念的日子裡，人與人之間的相互關係，是否也將變得更為淡薄呢？

無論何人，母親不在身邊的日子裡，肯定會讓你對她感到特別思念。而從另一個角度來說，為人子女的，若能經常看到母親的話，那也絕對是一種幸福。

這話說來或許平常，但，對於那些因故母親無法就近身旁的人而言，要想經常見到母親，幾乎是一種侈求。那麼，這句「能夠常看到母親是一種幸福」，我想，對這些人的內心深處來說，一定感觸良多。

我很幸運，雖然也有過一段「特別思念母親的日子」，也曾經感受到「母親不在身邊的日子」，但，整體說來，我算是屬於「能夠常看到母親」的一群，因此，我是很幸福的。

為此，我更要感謝佛菩薩，賜給了我這項無價的恩典。感謝佛菩薩！

第9章

好好珍惜和母親相處的時刻

母親已經高齡九十八歲，而我這個么兒也已年逾花甲了，還能夠和母親朝夕相處，這得感謝佛菩薩恩賜給我的如此偌大福報。因此，能夠和母親在一起的每一分、每一秒，都顯得更加珍貴無比，我當然要珍惜也更要善加把握。為此，每天清晨起床，才一張開眼睛，我就不忘對自己說：「要好好珍惜和母親相處的時刻」。

一般人常有一個不好的習性，不懂得珍惜目前已經擁有的事或物。不管是得來容易或困難，總以為擁有了，就不會再失去。其實，這種心態，錯得既寃枉又令人惋惜。

說實話，在這種充滿著不確定的時代裡，不僅生活是多變的，而且，生命也是無常的。因此，誰又能確保你已經擁有的事或物，能夠持續多久？

顯然，最妥善又最穩當的因應法子，便是「好好珍惜你目前擁有的事或物」，而且，要立即起而行之，不要光說不煉，才不會造成日後的遺憾。

真的，有太多的例子，皆是由於一時的漫不經心，或缺乏積極性，導致日後雖然悔不當初，但卻已是無法挽回了，那才是內心真正的痛呢！

就拿與母親的相處為例吧！「把握」及「珍惜」和她老人家在一起的時刻，是讓你日後不會產生懊悔的不二法門，我很早就已明白了這層道理，因此特別在「把握」及「珍惜」這兩方面下了功夫。

尤其，母親已經高齡九十八歲了，而我身為她的么兒，也已經年逾花甲。佛菩薩特別惠賜我如此偌大的福份，如果，我再不懂得好好珍惜，以及認真把握的話，那就太對不起這個福報及恩典了。

我經常提醒自己，不管你能夠擁有的時間還有多少，一個令你很無奈的事實是，時間它會像沙漏一般，不知不覺地，就在你的眼前悄然飛逝。

雖然，我從來不覺得自己年歲已老，甚至，即便是此刻的我，依然不認為自己是個老者。但是，我真的無法否認，已然六十出頭的年齡，是個不爭的事實。

而難以釋懷的是，當時年輕的我，似乎還只是昨天的事，而如今的老者，我不禁要問，又是何人呢？

不由得想起，蘇東坡「赤壁懷古寄念奴嬌」中的：「……遙想公瑾當年，小喬初嫁了，雄姿英發，羽扇綸巾……，故國神遊，多情應笑我，早生華髮，人生如夢……。」

啊！逝者如斯，似箭，又如白駒過隙，真是令人神傷啊！

再想到在我心目中，似乎永遠不會老的母親，今年居然也已經九十八歲高齡了。距上次我帶她出國，到日本的立山黑部旅遊之後，又已然事隔八年了。

當年她老人家以九十歲高齡，登臨日本的神山——立山（又稱「日本阿爾卑斯山」），光是一整天行程所需搭乘的交通工具，前後就有六種之多。這樣的經歷對老母親而言，可說是一生罕見的，也是很大的挑戰。

所幸，感謝佛菩薩的保佑，母親安然無恙地完成了這項壯舉，她既雀躍又欣慰。當時，我除了感謝上天，能夠賜給我報答母親的這份珍貴福份之外，同時也渴求著上天，日後能夠再次恩賜我如此的機緣與福份。

然而，立山之後，時至今日，我未曾有機會帶她再次出國旅遊。是否

母親在日本立山黑部旅途中的電纜車上

我太貪心了些呢？或者是，母親她老人家確實也已經老了，而不再適合做長途跋涉的國外旅行呢？

或許，是我該慢慢接受事實的時候了。畢竟，九十八歲高齡的母親，自然已不能再像九十歲時候的她了。

雖然，她的精神還是很好，但，整體說來，體力已大不如從前了。聽力和眼力方面，也不若以往的靈光，所幸的是，基本的聽覺和視覺，都還算是不錯的。

在記憶方面，我真的是要佩服她。因為，她不僅腦筋依然清楚，而且，記憶力仍然過人。她常對我說：

「阿堯，最近我經常忘東忘西的，過去的事情也有很多想不起來了，真的是老了。」

不過，她倒是經常告訴我，今天是誰的生日？那天又是誰的生日？她這麼多子女的生日，居然也都能夠記住，而且，不會搞混，真是難得。

「阿堯，你祖母的忌辰應該是×月×日吧？啊！年紀大了，記性也愈來愈差，你幫我查一下，是否我記錯了，該準備那天拜拜了。」

向來，我都會把這些事情記在行事曆上，然後，隨時查閱。沒想到，母親她老人家所記的時間完全正確無誤。其實，她根本不需查閱也無從查閱行事曆。你說，我能不佩服她嗎？

不過，在行動力方面，她真的已經不再像以往那麼的靈活了。此刻的她，出入行動皆需仰賴輪椅。所幸，如果我在左側攙扶著她，她右手撐著拐杖的話，偶爾還能行走個二百公尺左右。

為了維持她的行動力，我還是鼓勵她，每天在家裡以雙手可扶的助行器，自己來回在客廳與廚房之間走個幾趟。

此外，我也會利用假日，載她到新竹科學園區內的「靜心湖」，沿著環湖步道，以輪椅推著她在湖畔散步。一方面曬曬太陽，呼吸新鮮的空氣，一方面欣賞那兒的湖光景色，林間小鳥，水中魚龜，以及樹梢松鼠。

我一面推著她走，一面和輪椅上的母親聊天，希望能夠藉此讓她耳目清晰，一掃整個星期都待在家中的封閉心情。此外，也有助於她老人家維持腦筋及反應的靈敏性。

偶爾，我們也會在湖畔的「全家」便利商店用午餐。母親最喜歡點的是海鮮粥及茶葉蛋。她的食量不大，但，胃口還是挺不錯的。飯後，我又買個她最喜愛的紅豆麵包給她當甜點，藉此換換口味。看起來，她倒也樂在其中。

「阿堯，每次出來，都讓你花時間還要破費，實在是很過意不去！」

每回她都這麼對我說，而且還是很認真的說。啊！母親就是如此客氣的一個人，連自己的兒子都還要如此的客氣及週到，無怪乎她的人緣會是那麼的好。

值得在此一提的是，靜心湖畔有個庭園專區，約略是每天的下午三時至五時之間，總會有一些園區鄰近社區的老人，由外傭推著輪椅群聚在此，或曬曬太陽或聊聊天……等。

有趣的是，這些高齡長者或男或女，年輕者至少八十幾歲，年長者九十幾歲的有好幾位。不過，其中又以女性者居多。

某次，我們去的時間正好湊巧和他們相遇。在一陣寒喧及相互介紹之後，日後大家竟然成了好朋友。由於他們大部住在園區附近，因此幾乎是每天的常客。但，我和母親則只是一個月去個一兩次。因此，久不見面的話，大家居然還會念著母親呢！

沒想到母親是如此地受他們的歡迎，這也難怪，因為我的母親她是這麼的彬彬有禮，以及氣質高雅。尤其，你相信嗎？母親是在座所有老人家中，年歲最長的一位，可說是德高望重呢！

我可以看出，母親其實也是滿喜歡和他們在一起的。我想，這或許是因為他們同屬於一個年歲輩份吧！也或許是大家的磁場相合吧！

「阿堯，好久沒有看到湖邊的那些老伴了，能不能載我去看看他們？」

啊！母親就是如此念舊又惜情的人，無怪乎她走到那兒都會受到許多人的歡迎。說她是一位人氣王，一點也不為過。

「沒問題，我們就繞過去看看他們，反正時間還早，天氣也挺不錯的。」

母親和新竹科學園區靜心湖畔的老朋友們

母親和我在新竹科學園區靜心湖畔合影

母親、我與長外孫在新竹科學園區靜心湖畔

我二話不說地，把車子往科學園區的靜心湖方向開去。「謝謝你呀！阿堯。」母親還是如此地客氣與多禮，但，我早已習慣她了。

其實，這真的是我的福氣。母親已經高齡九十八歲，而我這老兒子也已是花甲年華了，還能隨侍在她的身邊，為她服務，這當然是我的榮幸，更是我的福報。

因此，我除了應該感謝佛菩薩的恩賜之外，更不可忽略的是，要緊緊的抓住這還能夠和母親相處的寶貴時刻。真的，要正視母親的高齡，為此，我除了要懂得「珍惜」之外，還要更確實「把握」。

還好，這幾年來，我及時悟透這層道理，而且隨時提醒自己要起而行之。尤其是這兩年來，我的體悟更深，也更懂得珍惜及把握，希望不會造成日後的遺憾。

「阿堯，你不要對我這麼好，否則，下輩子我不知要如何回報給你呢！」

她三番兩次，總是若有所思地對我說這樣的話。

「媽，您千萬不要有這樣的想法及心理負擔。我這麼做，只是因為您的德操感化了我，讓我心甘情願的想這麼做，以報答您的慈恩，而絲毫不求您的任何回報。」

「更何況，無論是儒、釋、道三家，不都是強調『百善孝為先』，而鼓勵為人子女者都該盡孝道嗎？因此，請您讓我甘心地做，而您也歡喜地接受吧！」

寫到此，我也誠心地要對有緣看到此書的讀者們呼籲，無論你的年紀有多大，如果此刻你還有母親可以讓你盡孝的話，那麼，請你真的要抓緊時間，並「好好珍惜和母親相處的時刻」。

因為，時間是不會等你的。別以為你還年輕，或你的母親還不算太老。要認真地去體認，如同我前面說過的，時間它無時無刻，會像沙漏一樣，在你的眼前不知不覺地離你而去，絕不留情。

前些日子，友人寄來一篇大陸網路流傳的文章「如果有那麼一天」，我上網想查看作者是誰？但，始終無法找到。不過，該文的內容有許多觀點，倒是與本章的主題甚為契合。因此，以下略述其精要，藉此相為呼應。

『如果有一天，生你養你的兩個人都走了，這世間唯一與你有著最親密血緣關係的人，就都不在了。……』

『……人在世的時候，要對父母好一點，別讓父母總是為你們操心，父母不需要你掙多少錢，但他們很需要子女的陪伴，……』

『……如果有那麼一天……這世間就再沒有任何人，會毫無保留的真心真意地疼愛你了，……當你們再去回憶和父母的一點一滴的時候，是不是會流淚滿面？……』

『……沒事的時候要常回家看看，看看父母，他們只需要你們回家而已，……別讓父母眼睛看穿了，卻還看不到你們。』

『如果有那麼一天，……別讓遺憾留在心裡，別到了以後父母都走了，而想和父母吃飯，卻沒有了機會，多遺憾啊！……』

『……如果有那麼一天，……這世間除了父母，沒有人會一生一世，把你放在心上了，沒有人會暖暖地喊你的小名了，……』

『……如果有那麼一天，……在父母的有生之年裡，多給父母一些快樂。別說自己沒時間，別說自己工作忙。……要知道，爸爸和媽媽都只有一個，失去了朋友，可以再找。工作沒有了，可以再找。……但是，父母沒有了，到那裡去找呢？……』

『……父母是這個世間上最關愛你的人！……父母與子女的關係，是血濃於水的親情，還會有那一種情，能比父母之情來得深厚？……』

『……你們可以恨任何人，但，唯一不能恨的兩個人就是父母啊！……還有誰會比父母更加疼愛你？父母在世的時候，多留點笑容與安慰給父母，還有誰的恩情可以大過父母？還有誰的關懷可以大過父母?!』

『……父母對子女的愛是很單純的，……父母是最真最真的人，父母是唯一不會拋棄子女的人，任何人都會拋棄你，但父母不會！……父母對子女的情感大過天啊！……』

『……如果有一天，生你養你的兩個人真的走了，是真的不在了，他們再也不會說話了，再也不會喊你們的名字了，再也不會睜開眼睛了，再也不會和你一起吃飯了，……』

『……人在世的時候，要對父母好一點…………』

這篇文章極其淺顯，但，內涵卻是非常感人，絕對值得為人子女者，逐字逐句去細細品味。相信，你一定會受到相當程度的觸動，而產生不少正面的啟示。

我之所以特別摘述其中的一些精要，除了藉此呼應我的心聲之外，其實，很多也是我已經正在做的事。如果要一言以蔽之的話，那麼，仍然是那一句話：「好好珍惜和母親相處的時刻」。

真的，如果聽了那麼多，也看了那麼多，卻仍然沒有把「好好珍惜和母親相處的時刻」當做一回事的話，那麼，這樣的人，有一天終究是要後悔的。

我當然不想做這樣的人，所以，我總是盡其可能地把握住能夠和母親在一起的時刻。因此，除了在本章前文我所談的事例之外，我也會在日常作息中，順勢促成能夠和她在一起的時刻。至於時間的長短，其實並不是重點，而是在於和母親互動的實質意義。

就拿晚餐為例，我是一個每天會回家吃晚餐的上班族。通常，我會儘量最遲在晚上六時半以前抵達家門。我當然知道，母親也很期待家人在各自忙碌一整天之後，大家一起共進晚餐。

我們幫母親在她的輪椅上，準備了一個活動式的個人餐桌以及圍兜，以方便她能夠自行用餐。我則坐在她身邊的餐桌旁，陪著她進餐，也陪著她觀賞她喜歡看的連續劇。用餐之間，時而和她一起討論劇情，也時而與她天南地北的聊聊天。

雖然，只不過是共進一頓晚餐，但，卻是我真正能夠掌握得到和母親間相處的時刻。如果我們真的正視它，它便是一種福氣。而你呢？你能夠每天和你的母親共進晚餐嗎？答案若是肯定的，那麼，恭喜你，你是幸運的。

母親戴著圍兜在家中個人餐桌上用餐

想想，這世界上有多少人，是無法和母親共進晚餐的？

此外，每天的時刻裡，我也會盡量找出空檔來為母親按摩。頭部是我最常為她按的，包括耳朵及眼睛部位的穴道以及百會穴、太陽穴……等。因為母親的行動力不像以往那麼的活絡了，如果能夠幫助她經常按摩這些穴道，會有助於她氣血的流暢，以及維持意識的清晰。至於手腳四肢的局部按摩，對於較少走動的她，也是很有幫助的。

其實，經常為母親按摩，當然會有益於她身體的保健。但，更具有意義的是，除了讓她老人家直接感受到，做為兒子的我對她的關懷之外。對我而言，其實也增加了不少和她相處的時刻。

我每每想起兒時的一些憶往，睡前，母親總會為我輕輕地搔背抓癢，直到我入睡之後，她才停止。而在夏季天熱的時候，由於當時家裡窮到連一台電風扇都沒有，她更體貼地用紙扇幫我搧涼，不讓我因為酷熱而難以入眠。這些點滴的背後，蘊含著無盡的母愛。

甚而，每隔一段時間，她會讓我把頭枕臥在她的大腿上，然後，用她頭上的小髮夾權充挖耳棒，小心翼翼地幫我把耳垢掏出來。說實話，那真是舒服極了，好幾次我竟然不知不覺地就睡著了。

啊！母親她老人家在我的兒時，為我所做的諸多雖細微卻體貼的關愛，我從未曾忘記，而且，它們是歷歷如昨。啊！這些記憶甬道中浮現的陳年憶往，真恨不得時光能夠倒流，讓我回到當時的童年，重享孺慕之情的歡愉。

啊！母親這一生為我所付出的，何其不少？而隨著年華老去，母親對我濃郁而永不止息的愛，又何曾減少？再試問，我為母親微不足道的所做所為，又能回報於她母愛的幾分之一呢？

說實話，母親對我的愛與付出，從呱呱落地就開始，即使到今天我都已是花甲之年了，她對我依然關愛如昔，甚至，有增無減。啊！母愛之偉大，真猶如海水之不可斗量啊！

而我對母親的愛與付出，卻無法從呱呱落地就開始，而是在經過漫長時間的學習、蘊釀、與感悟，才猛然驚覺對母親的盡孝絕對要及時。否則，幾經蹉跎再蹉跎之後，是難以報答母恩的萬分之一的。

總之，「好好珍惜和母親相處的時刻」，是為人子女者隨時隨地，而且，刻不容緩應該力行去做的急務。

我舉了不少自己曾經做過的，以及目前也還在做的例子，但，總覺得為母親做得實在還是太少。尤其，後悔自己為何沒有覺醒得更早，否則，我就有更多的時間，對她老人家做更多的回報。

話雖如此，我還是非常感恩佛菩薩對我的加持，讓我在多年以前，就能夠及時覺知：要避免「樹欲靜而風不止，子欲養而親不待」的遺憾，就必須確實做到「及時行孝」。

尤其，母親已經九十八歲高齡了，能夠和母親相處的每一分、每一秒，都顯得格外的珍貴無比。然而，每每想到此情此景，內心總是感受到「寸金難買寸光陰」的無奈。為此，每天清晨一張開眼睛，我總不忘對自己說聲：

「要好好珍惜和母親相處的時刻」。

第10章

曲意承歡是送給母親最好的禮物

對母親的孝，無論在物質、精神、身體、或育樂方面，即便是量再多、質再好，如果，並非是母親所真正想要的，其實是意義不大的。多年來，我才悟出這個心得：「『曲意承歡』是送給母親最好的禮物」。它，看似平常，卻又是知易行難的小道理，願你我共勉之。

從小，比起同年齡的玩伴或同學而言，我算是相對比較早熟的孩子。其實，就一位成長於十個兄弟姊妹的窮苦大家庭的孩子來說。我的心性成熟較早，也似乎是一件必然的事。

記得，當時的我雖然是少不經事，但，看到我那一介弱女子的母親，為了面對偌大的家計重擔，付出了極度的含辛茹苦，我純真的幼小心靈，除了於心不忍之外，更是想著希望趕緊長大，以便日後能夠很快地回報母親。

因此，打自童年起，我就有著一個自認為很偉大的心願，希望有朝一日，一定要送給母親一個好大好大的禮物。

如今，我已是花甲之年的老者，每每想起飛逝已久的兒時，總會憶及五十年前的諸多往事。不記得是在小學幾年級開始，母親為了承擔一家人龐大的開銷，除了幫人打雜、洗衣之外，同時也利用晚上時間，替人代工籐竹製品的編裁，希望能夠多賺點外快，以便貼補家用。

為了配合交期，她往往熬到三更半夜，還無法上床休息。經常我在半夜醒來，看到可憐又可敬的母親仍然駝著背，在微弱的燭光下趕工。由於工作過度，她的十指常因籐竹刮傷而貼滿膠布，血漬還不時溢出，卻依然必須工作下去。

兒時目睹此景，內心真是萬分難過、不捨，卻又無奈幫不上忙。只記得，當時幼小的心靈，激動地立下了重誓：

「媽！您放心，我會努力用功念書，將來出人頭地，一定好好孝順您！」這個當年自認為是很偉大的心願，我是否已經如願了呢？又，那個當年期許自己，要送給母親一個好大好大的禮物，我是否也已如期送達了呢？

先談談我的心願——「……將來出人頭地，一定好好孝順

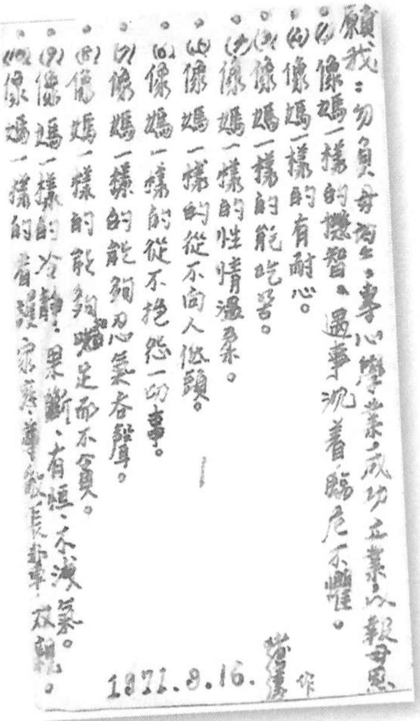
願我：勿負母訓，專心學業，成功立業以報母恩
(1)像媽一樣的機智，遇事沉着，臨危不懼。
(2)像媽一樣的有耐心。
(3)像媽一樣的能吃苦。
(4)像媽一樣的性情溫柔。
(5)像媽一樣的從不向人低頭。
(6)像媽一樣的從不抱怨一切事。
(7)像媽一樣的能夠忍氣吞聲。
(8)像媽一樣的能夠知足而不貪。
(9)像媽一樣的冷靜、果斷、有恒、不浪費。
(10)像媽一樣的看護家庭，尊敬長輩，孝親。
1971.8.16. 作

我唸台大二年級時以母為範之十願手稿

您！」，它是否夠偉大呢？這該是見仁見智的吧！不過，就當時小小年紀的我，這心願或許還算是偉大吧!?

首先，它的前提必須是要能夠「將來出人頭地」。而當時才國小年紀的我，就能夠發此大願，也算是心胸宏偉吧？至於，以我今天的成就發展，當然絕對不夠偉大，但，也還算是社會的中堅份子了。

其次，幸不論是否出人頭地？重要的是——「一定好好孝順您！」這件事到底做到了沒有？此話其實不該由我自己來回答，但，若借用週遭親人及至友們對我的評語，不諱言地說，我應該算是個很孝順母親的人。

至於那個「好大好大的禮物」，我是否也已經送給了母親呢？此點，我就不敢論定了。因為，在那個年代，在那麼赤貧的家境下，以及在我仍然童心未泯的幼小心靈裡，所謂的好大好大禮物，是有著時空環境下特殊意義的。

我試著揣摩那個時期的情境，把時空推移到我一十啷噹歲數時，以一個么兒目睹母親面對艱困家計負擔的無助，你能想像，這顆幼小的心靈裡，會期待將來能夠送給他含辛茹苦的母親，一個什麼樣的好大好大禮物呢？

我想應該不外乎是：好的名聲及榮譽，包括令人稱羨的教育程度與學歷、抬得起頭來的工作與職務頭銜，以及至少小康的經濟能力、不虞匱乏的收入……等。

當時我認為，這樣的禮物，定能讓母親走出貧窮的陰霾，也定能讓母親一吐怨氣，讓她在親朋鄰居面前抬得起頭來，讓別人羨慕她有著一位上進而乖巧的好兒子。

坦白說，要送這樣的禮物，對於一個年僅十歲的學童而言，的確是好大好大。而這個禮物，其實，年記大我十四歲的大哥，早我多年就已送給了母親大部份了。只不過，後來，我設法使這個禮物變得更大些，以及設法提升了禮物的些微品質罷了。

時光荏苒，如今，當年年紀尚屬年輕的母親，已然九十八歲高齡了。五十載左右的歲月，幾乎是一眨眼的功夫，悄悄地飛逝。走過了人間冷暖，母親的心緒相較於從前，也已有了相當程度的改變。

尤其，對於世俗的名聞、利養、以及物質生活方面的需求，更是逐漸趨向於安閒恬靜、虛融澹泊。對於往日的含辛茹苦以及所有的艱困煎熬，她都早已視之為過眼雲煙的人生勵煉，從默默地接受，終究又灑脫而淡淡地忘卻。

母親這樣崇高的情操與德性，自然讓我既敬佩又情不自禁地，想以她做為我步入老年之後學習的榜樣。坦白說，她是我阿堯一生的導師，實在是一點也不為過。

然而，她的人生觀做了如此的蛻變，使得我也必須再度檢視自己，當年對她所發的心願，以及承諾的禮物，是否有必要重新修正或調整呢？

首先，關於心願方面——「……將來出人頭地，一定好好孝順您！」。這點，應該是毋庸置疑的。尤其，我早已長大成人，而且都已屬於年長之輩的人了，至今，還能有個老母親讓我來孝順，不僅要珍惜，而且更要好好把握。

其次，「好大好大的禮物」這方面，恐怕就有修正及調整的必要了。

雖然，多年來我已從不同的方式，包括物質上、精神上、身體上、育樂上……等，實際付諸行動來報孝母親。而這些事跡，大致可從本書的各章，以及前一本拙作「話我九五老母——花甲么兒永遠的母親」中，望出端倪。

然而，我說過，母親近年來的心緒及生活重心改變了許多，似乎安閒恬靜以及虛融澹泊的生活，才是她老人家在晚年生命中所真正想要的。

為此，如果我對她真正孝順的話，那麼，我就更該深入瞭解她內心裡所真正想要的，而不是給她我自己認為該給的。更簡單的說，應該是「主隨客便」，而非「客隨主便」。

看似很簡單的道理，但是，多年來我也不免忽略了這個重點。總是患了太過主觀的毛病，常常自以為是地把自己的孝意置入在母親身上，殊不知，她老人家心意並不在此，但卻又不忍拂逆我的善意。

直到近年來，我的年紀也大了，才懂得將心比心，漸漸瞭解到母親她老人家此時此刻內心的思緒。我終於領悟到，即使在物質上、精神上、或育樂上，我如何地對她盡心盡力，但，仍然有項東西，是絕對不可或缺的。

說實話，這項東西才是母親此時此刻最想要的。然而，我必須承認，我做得並不很好。它看似平常，但，卻是大家經常朗朗上口，卻又知易行難的四個字——「曲意承歡」。

今天，你如果問我，什麼東西是送給母親最好的禮物呢？我會毫不猶疑地說：「『曲意承歡』是送給母親最好的禮物」。有些人可能以為這太不切實際了吧？然而，我必須說，這麼做，才是真正切合實際呢！

年輕的時候，雖然經常聽到類似的話，但，坦白說，沒有真正的懂。而如今，走過了漫長歲月之後，我才確實懂得個中的道理。或許慢了些，但，還好，至少仍有機會改變自己，注意今後在對母親盡孝時，應該修正及調整的方向。

真的，對母親的孝，無論在物質、精神、身體、或育樂方面，即便是量再多，質再好，如果，這些並非是母親所真正想要的，坦白說，意義是不大的。

經常看到時下許多為人子女的，每個月給父母奉上了一筆固定的生活費；或偶爾額外買些較為高檔的食品、衣著、禮物；或在固定的節日（傳統三節、雙親生日、父親節、母親節……）回家探望父母，以為，這樣做就是已經盡了孝道了。

能夠做到這樣，其實，也算是難能可貴的了。因為，世風日下，沒有這樣做的人，早已是與日俱增了。但，說實話，即使能夠這麼做，也只能算是做了最起碼該做的本份而已。

你只要靜下來捫心自問，想想：這輩子父母親為我們付出了多少心力？不求回報地給了我們多少關愛？而我們能夠反哺回饋於父母的，相較之下，又是何其有限？

由於我很早就理解到這一層道理，因此，在本份上該做的功夫，下得也比一般人來得深厚些。而且，愈是用心去做，愈是發覺到，孝順父母本來就是天經地義的事。然而，時代愈是演進，孝道卻反而逐漸式微，真是令人納悶！

近年來，我在與母親更深入的互動下，越是發覺到，對母親的孝行，在方式及心態上，真的有必要做相當程度的修正及調整。而重點就在我之前談過的「曲意承歡」，它真的已經成為我對母親盡孝道的最高指導原則。

過去，我總自以為在物質、精神、身體、或育樂方面，對母親的照顧都已經很不錯了。但，隨著母親的年歲愈長，這些似乎都已不是她生活的重心了。

其實，更重要的，反而是照顧她的心靈。換言之，母親更需要的，是子女們對她的溫馨關懷，而非僅是生活上的無虞匱乏。試想，如果週遭的人對她不聞不問的話，那麼，她的生活還會有什麼樂趣？而她的生命又意義何在？

當然，我絕對不會讓我母親如此。我會將心比心，如果我是她的話，如果我也是如此高齡的話，那麼，我的心裡會想些什麼？我會希望別人怎麼來待我？

最重要的是，我希望活得有「尊嚴」。當然，絕對不是年紀大了，活著就是子女的累贅。如果，子女對我有所不悅之色，那麼，我寧可當個獨居老人。

簡單的說，物質方面的富饒與否，已不是老人家訴求的重點了。能夠受到真正貼心的關愛，那才是重點。而這關愛，絕不是出自於憐憫或施捨的關愛，也絕不是來自於同情心的關愛。

這關愛是源自於我對母親的敬愛以及心疼母親之情，它正如同我在孩提時，母親對我全然不求回報又無始無邊的摯愛。而如果母親也能夠得到這種關愛的回報，將心比心，她老人家的心才會有所寄託，生活才會有樂趣，生命也才會有存在的價值。

如果真正明白了這一層道理之後，對母親的盡孝，才會具有實質的意義。並且，在付諸行動時，也才會有具體的方向。而這方向及準則其實很簡單，即是之前我一再強調的「曲意承歡」四個字。

「母親不想要的，不要強塞給她。」

「母親勉強接受的，下次，別再勉強她。」

「母親主動提出的，要想盡辦法滿足她。」

「母親客氣不提出的，要主動察顏觀色，並設法滿足她。」

「母親的想法可能前後有所變動，也要耐心地調整並配合她。」

這幾項原則，是根據我近年來的心得，特別整理出幾個重點給大家做參考。如果能夠大致做到的話，那麼，離「曲意承歡」應該不遠矣！

「曲意承歡」的原意是：委屈自己而取悅他人。其實，對母親的盡孝，還計較什麼委屈不委屈的？如果真要計較的話，那麼，母親從小把我們拉拔到長大成人，這之間所付出的難以數計的心力與關愛，才真正稱得上是委屈呢！

因此，我把對母親的「曲意」，解釋為「順意」，應該更為貼切。順著母親的心意，配合母親的意念，她自然會心情愉悅，也才能獲得她的歡心，而這也才算是真正的孝順她。

尤其是已經高齡九十八歲的老母親，更需要的是，仍然被晚輩尊重的感覺，以及被子女關愛的感受。此外，如果可以的話，讓她老人家還能夠感覺到「被需要」的價值，那就再好不過了。

將心比心，即便是年紀再大的人，誰不希望依然活得很有尊嚴、很有價值？因此，我經常有些事務假裝不懂或忘了，藉故詢問或請教母親，讓她有著依然「被需要」的生命力與活力。

「媽，我忘了祖母的紀念日是那一天？您還記得嗎？」

其實，我只要查閱一下備忘錄便知道了，但，我故意問她。沒想到她老人家的記憶力仍然非常好，正確無誤地回答了我的題。

「媽，今年春節後的家族大聚餐，您想選在那一天？餐廳希望在那一家？要不要準備卡拉ＯＫ音響設備？親戚及晚輩方面要邀請那些人？……」

我經常把這一類的事，一方面請教她，一方面把決定權留下來讓她做最後的拍板。我覺得能夠這麼做，真是一件很棒的事。而她老人家也會煞有其事的，幾經思考後，做了明快的判斷及決定。

而且，無論她怎麼說，即使有些細節其實尚有商討的餘地，但，最後，我都會「順著她的意」去做。

我要讓她老人家在這個家族裡，仍然有著「家有一老如有一寶」的「被尊重」感。況且，她的聰慧與靈敏，在許多地方依舊是英雄有用武之地的。坦白說，母親她老人家對這個家族，至今還是有著相當「被需要」的存在價值。

透過諸如此類的做法，我確實感受到，在母親的生活中，似乎有了更多的歡樂之感，而生命力也似乎更加的旺盛。我想，這都該歸功於「曲意承歡」的效應，它確實產生了不可思議的發酵力量。

我暗自在想，總算我又理出了這點頭緒，也悟出了這點道理。雖然，發現得有點遲，但，還算來得及。更重要的是，今後的每一時、每一刻，都要謹記：

「『曲意承歡』才是送母親最好的禮物」。

寫到此，這些年來，雖然我好不容易理出了孝順母親的最高指導原則——「曲意承歡」，而且，我確實也在認真力行中，做得也算是頗有進展。但，還是有一件事，至今仍然令我深覺愧疚。

我也不怕本書的讀者們見笑，因為，我必須大方地坦承自己的這個大缺點，而且，還要認真地懺悔。因為唯有如此，或許這輩子我才有可能改掉它。

「阿堯，你什麼都好，不僅對我如此的孝順，而且，對妻兒及兄姊們也都那麼的有情有義。」

「但是，有一個大缺點，你一定要改，就是脾氣不好。因為這樣的脾氣，也把你所有的優點都破壞掉了。」

連母親都這麼說我，而且，經常語重深長，苦口婆心的勸我。我知道，她是真的在關心我，也擔心著我。

母親誇講我是智慧孝子的手稿

「阿堯，雖然你對我真的是幾近於至孝，我很感激你。但，你也是兒子中脾氣最不好的。雖然，我相信你應該是無心的，而只是脾氣一來，情急之下而發的。」

「但是，那種舉止真的很不好，有時候真想不再理你了。然而，一想到你絕大多數的時候，對我都是那麼的體貼又至孝，心念一轉，也就不再與你計較了。」

「阿堯，我真的很不希望你有這樣的態度。既然你對我如此地盡孝，而且，週遭的人也都很肯定你。那麼，又何苦讓這個缺點，壞了你的整個形象呢？」

母親總是憂心忡忡的勸我，我知道，她是認真的。

「改掉這個缺點吧！你的修養將會更上層樓。」

「如果你是真心地孝順我的話，改掉它吧，為了我。」

我當然知道母親內心對我的不忍，更知道，她是有心在度我啊！她是真的想把我從此岸度到彼岸啊！而我又怎麼忍心辜負她的期望呢？

我自己心裡很明白，這輩子，只有她能讓我心服口服，也只有她能夠度我。她的情操、她的德性，絕對是我一生的導師。

為此，我經常反省自問：既然我是如此地敬愛她、孝順她、又佩服她，那麼，目前她對我的唯一擔憂——脾氣不好，以及唯一的期望——徹底改善脾氣，如果我是真的孝順她的話，我是否應該盡全力並儘快改掉這個毛病呢？

更何況，我才好不容易理出了一點頭緒、悟出了一點道理，自勸也勸人，要正視「『曲意承歡』是送給母親最好的禮物」。那麼，我自己是否也該立即起而行之呢？

尤其，母親的年紀這麼大了，如果我能夠趕快改掉這個毛病，她一定很欣慰，如此我就確實做到了對她的「承歡」了。因為，我不僅順了她老人家的意，也解除了她對我的擔憂，她的心情自然而然就會開朗起來，而這難道不是我所企盼的嗎？

想到這兒，不禁對於改善脾氣這件事，更有決心了。甚至，每天早晚在向佛菩薩清香禮佛時，除了祈求佛菩薩的加持之外，也會不斷提醒自己：「一念瞋心起，火燒功德林」。希望藉此加強自己的決心，能夠很快地改掉惡習。

雖然，積習不是說改就能立即改好，但，自從下了決心之後，還是精進不少。母親知道了以後，自然非常欣慰，她曾經心情愉悅地勉勵我：

「阿堯，這麼做才是一位真正孝順的人，也是你送給我最好的一份禮物。」

我的內心裡湧出了一陣悲欣交集的觸動，為什麼讓母親等了那麼久，我才悟出了那個似深奧其實很淺顯的道理？為什麼需要走過漫長的歲月，我才終於弄懂了「曲意承歡」才是送給母親最好的禮物？

而如果「曲意承歡」是意指「委屈自己取悅於母親」的話，那麼，在未來的日子裡，我寧願時常委屈自己，去博得母親的一絲歡笑。

真的，奉勸天下所有為人子女者，趁著還有機會對母親「曲意承歡」的時候，好好的珍惜，也用心的把握吧！

千萬……千萬別等到「樹欲靜而風不止，子欲養而親不待」的時候，你才驚覺，你才大悟。屆時，即便是悔不當初，卻也為時已晚，那才是真教人痛心呢！

第11章

把母親當做寶來疼惜

多年來，我早已將母親視為我的寶，正如同孩提時她視我為寶一樣。如今，母親老矣，心態上也隨之「老而小」。為此，母親的身心靈各方面的關懷與照料，我更是把她當做寶來疼惜，為她付出更多的細心、體貼、與耐性。尤其重要的是，我要以最誠摯的愛心，去珍惜與把握和母親的這段善緣和珍貴的共處時光。

母親因為年紀大了，心臟方面稍為弱了些，因此，近年以來，她都在新竹馬偕醫院看心臟內科門診，主治大夫正好是和我們同一棟大廈的鄰居。

雖是同一棟大廈不同樓層的鄰居，但，由於彼此的上班或作息時間不同，平時倒也不常見面。

某次，我們在電梯裡頭不期而遇。正好我也藉機向他致謝，感謝他多年來對我母親的特別關照。劉醫師很客氣地對我說：

「不用謝啦，那是我的工作本份。倒是你，把你母親照顧得很好。真的，必須要有孝順的孩子，才能把這麼大年紀的老人家，照顧得那麼好。」

「是的，我確實是把我的母親當做寶，很珍惜地在照顧她。但，還是要感謝劉醫師您對她的特別關照。」

的確，要照顧老人家本來就不是一件容易的事。尤其是，母親已是高齡九十八歲了，更是需要格外的細心與體貼。此外，高度的耐性，更是不可或缺。

我在想，不論是細心、體貼、與耐性，就長期而言，要始終如一，說實話，還真是有些難度呢！而這其中的點滴，也不是局外人所能夠感受得到的。

我當然不敢說自己做得有多好，但，平心而論，已經算是不錯的了。坦白說，我也無法確定究竟是什麼原因，讓我很情願地，而且，很自然地想去為母親這麼做。

我想，基本上，我身上流著母親的血，我和母親之間的關係，是「血濃於水」的深厚親情關係。再加上從小至今，我和她的母子緣份也特別地契合，因而，我對她的盡孝，可說是完全出乎於自然的孺慕之情。

正如同前述我和劉醫師的對話，我對母親的孝順與照顧，大致可用一句話來表示——「把母親當做寶來疼惜」。

試想：如果你身邊擁有著寶物或寶貝，你是否會很珍惜、很愛護它？沒錯，我就是把母親當成是寶貝，當然就會很疼惜她。尤其，高齡已是九十八歲的她，更加是我的至寶。

其實，多年來我早已將母親視為我的寶。尤其，一般人說「老小老小」，人如果老到了一定的年紀，心態上也會隨之「老而小」。為此，母親的身心靈各方面，我自然都必須對她更加妥慎關懷與照料。

就拿母親這輩子喜歡吃的東西來說，我真的是摸得一清二楚，而且，可以如數家珍地敘述如下。

水果方面：香蕉、木瓜、枇杷、鳳梨、釋迦果、櫻桃、草莓、荔枝（玉荷包）、榴槤、奇異果、日本柿子乾。

糕點方面：水煮蛋糕（淵明）、竹塹餅及綠豆椪（新復珍）、蛋塔（蛋塔工廠）、紅豆餅（炳珍嫂）、艾立蛋糕（Elly Family，彥希買回）、德國HARIBO軟糖、森永牛奶糖、紅豆沙甜粽、紅豆麵包（RT亞特）。

海鮮方面：紅燒醋溜魚、鮭魚生魚片、櫻花蝦生魚片、生海膽手卷、花壽司、生魚片蓋飯（鮪魚＋鮭魚＋海膽＋蔥薑）、生海膽配山藥切絲（天竹園）、帝王蟹、鱈魚煎、烏魚子、鮑魚。

肉品方面：滷豬腳、紅燒控肉、烤羊排、七里香（雞尾椎）、港式燒鵝（台中）、橙汁排骨、梅乾扣肉、生腸。

其他方面：豆漿配燒餅油條（東山街「燒餅屋」）、紅豆湯圓（北門街）、味增湯、白菜滷、蕃薯葉、烏龍麵（學府路）、小籠包（鼎泰豐）、當歸鴨麵（南門街）、古早味碗粿（西門街富記）。

以上所列母親喜愛的食物中，幾乎有九成以上，都是在她中老年之後，也就是我們這些子女陸續踏入社會之後，對她老人家略盡孝意，她也才開始有機會逐一品嚐。否則，以她勤儉持家的個性，那會捨得花錢享用呢？

坦白說，其中的好幾項價位較貴的食品，也是多年來，我刻意旁敲側擊、間接觀察後，才得到的資訊。因為，每次問她喜愛吃什麼東西？一定得不到答案。或是徵詢她可否買給她吃？答案也一定是否定的。

因此，我早已養成了一個習慣——買東西給她吃，不再事先徵詢她。通常，每逢一段時日，我會主動買一些她喜歡的東西來孝敬她。而我也並不擔心該買些什麼？因為，我的心中早已有了一張參考表。

正如前文所列的，我會配合季節變化，適時適度交替著買時宜的東西給她吃。你一定會佩服我，真是有心啊！的確，我是真的有心，因為——我把母親當做寶來疼惜啊！

舉例來說，前些日子，有公司同仁正好要到日本出差，行前，我即特別請託他，幫我買些柿子乾回來。日本柿子乾是母親很喜歡的食品之一，我很高興能善用這樣的機會買回來孝敬她。

「阿堯，我年紀這麼大了，已經不再需要吃三餐以外的東西，以後別再特地買東西回來給我吃了，好嗎？」

我表面上敷衍她，答應她往後不會再隨意買東西了。但，我心中自有打算，我是會再買的。因為，我買東西給她，主要用意並不在於「吃」，而是，為了「承歡」於她，讓她在生活中有些不同的樂趣。

換言之，我要讓她知道，無論她年紀有多老，這個兒子會一直把她當做寶來疼惜。我也要讓她深深感覺到，在這個兒子的內心裡，她絕對不是一個累贅，而永遠會是一個寶。

除了不定期、隨興地，買些母親喜歡吃的東西來孝敬她之外，要想疼惜母親這個寶，還能做些什麼呢？其實也不難，很簡單的一個原則便是「投其所好」。

事實上，「投其所好」與「曲意承歡」是大同小異的。重點在於，不要有太多自己的意見。既然要為母親盡孝道，就是要讓母親歡喜，而如果能做到「投其所好」的話，那麼，母親自然也就會歡喜了。

其實，母親雖然有我上述所列的她較喜歡吃的東西。但，嚴格說來，她並不是一個好吃的人。相反的，她是一個較為喜好出外旅遊的人。換言之，她喜歡「玩」勝於「吃」。

我這麼說，是有根據的，也是經由長期觀察後才得到的結論。只可惜，我發現的太慢。或者，發現的並不算太慢，但，覺悟的卻不夠早。

母親的個性樂山樂水，無論是國內或國外的旅遊，始終是她最喜愛的活動。我想，我之所以也酷愛到處旅遊，應該多少遺傳自於她吧！

話雖如此，然而，她老人家生性客氣，即使心理很期望，但，總是不主動表達出來。因為，她始終認為，旅行對她來說，是一件奢侈的活動。會有這樣的心態，當然是源自於她在中老年以前，過慣了艱辛備至的苦日子所造成的。

而最不可原諒的是，在家道逐漸好轉之後，做為子女的我們，並沒有很快地覺察到她的這個喜好。或者，雖已認知，但，卻沒有很積極主動的去為她安排這類的活動。尤其，在她的年齡及體力還有條件出外旅遊時。

直到民國八十五年，母親已然八十歲了，我才驚覺，應該把握她還能夠行動自如的時候，趕緊帶她到處走走。雖然，以前她也有過幾次出國旅遊的經驗，但，多半是和同學、朋友、或鄰居同行，而很少有自己的至親家人與其作伴。

為此，也才會有那次難得的「北歐四國及俄羅斯之旅」。坦白說，從民國八十五年的七月十三日到八月一日，前後整整二十天的行程，是我這輩子中最為快樂的時光之一。

這次旅程意義非比尋常，同遊者除了我之外，還有內人、女兒、兒子、岳母與她的兩位妹妹、以及我最敬愛的母親，總共有八口之多，在歐洲之北共享天倫之樂。

母親與我同遊北歐於大冰河畔留影

母親與我同遊北歐於登山纜車上留影

尤感殊勝的是，母親當年已是八十歲高齡的長者。我除了要感謝佛菩薩恩賜我這個機緣，能夠與母親同遊於這輩子她到過的最遠國度之外；更要慶幸母親能夠一路平安、健康、快樂的走完並享受旅遊中的每一個行程。

寫到這兒，我反而愈加慚愧及難過，因為，我總覺得自己實在是做得太慢了。如果我更有心，能夠往前推個十年，或者至少五年的話，那麼，在母親的年紀與體力都更能勝任旅遊時，陪伴她多走幾個地方，那才算是真的對她盡孝呢！

所幸，在那次北歐之旅後，我更確定母親是酷愛旅遊的，而且，也確認她是深具出外旅遊條件的。因為，一路走來，她能吃、能喝、能睡、既不暈機也不暈車；而且，她的耐力更是十足。

我既然強調「把母親當做寶來疼惜」，而且，也確知旅遊是母親她老人家的最愛，便應該積極投她的所好。何況，母親雖然年歲已高，但，還是有能力出外旅遊的，因此，只要懂得如何照顧她，其實是不會有太大問題的。

因此，在那次北歐之行後，我內心更是打定了主意，爾後，一定要盡量安排些單獨陪伴母親出國旅遊的機會。

為何要特別強調單獨陪伴母親出遊呢？生活經驗告訴我，確實是有此必要。因為，自從與妻結婚之後，我就很少和母親有較長時間的獨處機會。其實，我並非說和妻及母親一齊同遊，會有什麼不恰當的地方。然而，平心而論，三人同行的話，的確讓我有些不知如何妥善應對的難處。

這話其實也不需明說，只要稍加思索就會了解其中的難免尷尬之處。所幸，妻很能夠體諒我的立場與心境，欣然成全並配合了我對母親聊盡人子心意的這份孝行。

為此，在那次全家同遊北歐之後至今，我有了下列四次的機會，能夠單獨陪伴母親出國旅遊。包括：

第一次「上海灘前母子同行」（民國九十年母親八十五歲：初遊中國上海）。

第二次「明珠塔上俯望浦江」（民國九十一年母親八十六歲：上海二度重遊）。

第三次「北海道央共享溫馨」（民國九十二年母親八十七歲：欣訪日本北海

道）。

第四次「立山神山恩顯親情」（民國九十五年母親九十歲：登臨日本立山黑部）。

在這些旅程中，由於完全沒有其他熟識的人，因此，我可以毫無牽掛地，

母親與我在日本北海道賞楓

母親與我在日本札幌的大通公園

母親與我在北海道的幸福車站

全心全意地照料母親一個人。換言之，一路上，我幾乎是扮演著她的隨身看護。

說的更具體些，我是以「把母親當做寶來疼惜」的心態去侍奉她。坦白說，要帶著一位八十五歲以上高齡長者出國旅遊時，除了需要勇氣、細心、耐性之外，更重要的是一份摯誠的「愛心」。

而「把母親當做寶來疼惜」，便是一份不折不扣的「愛心」。

如果沒有這份摯誠的心意，我保證你做不到這個孝行。

一路走來的行程中，我和母親同住一個房間。每天清晨離開旅店前，我服侍她盥洗、更衣，並打理好所有行李。在回到旅店之後，則幫她放洗澡水、泡腳，也為她按摩、整理好床鋪，準備好並餵她每天該服用的藥品，然後，協助她儘快上床休息。

此外，在白天的行程中，最該留意的是母親的「安全性」與「舒適性」。需知八、九十歲長者的體能，是絕然不同於我們的，因此，心態上我必須把自己的身心，假想成為是母親的情境。

因此，行程中的每個環節，我都必須格外留心母親的每個動作。我絕對不能有任何閃失，我必須將母親安然無恙的帶回台灣，否則，將無法向眾多的兄姊們交待。

為此，無論是上述的那一個行程，幾乎每一天、每一個環節，我都盡其可能地，讓母親的右手拄著拐杖，我則攙扶著她的左臂及左掌，讓她的身體得到最佳的平衡。就此，母子倆小心翼翼地，步步為營地向前邁進。

所幸，在佛菩薩的保佑及加持之下，讓我們很順利及充滿歡愉地完成了前述的每一次國外旅遊，真是感恩！

值得一提的是，為了感謝妻兒的支持，讓我能有那些單獨陪伴母親出國旅遊的歡樂時光。每次在事後，我也會特地再找尋另外的時間，帶著妻及兒子、女兒們二度造訪才去過的「北海道」及「立山黑部」。我這麼做，其實是應該的。

我真的必須感謝上天對我的恩賜，在母親高齡八十五歲之後，我還能單獨帶著她出國旅遊了四次。然而，我仍然感到非常地懊悔，總認為自己覺悟得還不夠早，也做得太慢了些。

因為，這幾年以來，母親的體能已經逐月逐日地衰退了，即使我有心帶著她再次出國旅遊，真的，也絕對不是一件容易的事了。

啊！事隔八年了，回想上次她九十歲時，我陪著她悠遊在日本的神山——「立山」的山頂。老母親右手拄著拐杖，我這么兒攙扶著她的左手，就這樣，我們母子二人倆，一步一步地走著，走在立山頂的五月天。

啊！這畫面，何其溫馨?!又何其感人?!

母親與我同遊日本立山黑部於立山山頂留影

我渴望著這個畫面的再現，然而，八年匆匆已過，至今我都尚未能有此機會，再次帶著她老人家出國走走。

我當然祈求萬能的上天，能夠再次恩賜我這樣的福份與機緣。不過，我內心深處更是懊悔著：「母親，我怎麼讓您等了那麼久？」直到您八十五歲之後，才開始積極的帶您出國旅遊。如果我能夠更早覺醒的話，那該有多好！

我是個倡導「行孝當及時」的人，而且，也始終力行「把母親當做寶來疼惜」的人。為了做些彌補，即使母親已經不方便於出國旅遊了，但，我還是會想盡其它的方式來承歡於她老人家。

我說過，旅行對母親而言，始終是她的最愛。然而，高齡已經九十八歲的母親，無論是國外或國內的旅行，都已不是那麼地方便了。為此，我又該如何變通呢？

由於母親的腰椎曾經受過傷，醫生特別囑付，每次起身三個小時之後，最好能夠再次躺在牀上休息一會兒，才不會讓她的腰部及背部負擔太重。

因此，這兩年來，母親根本不便於出外太久。不過，每當天氣好的清晨，外傭瑞塔會以輪椅推她到鄰近的交通大學或東園國小的校園，或曬曬太陽或呼吸清鮮空氣，或與鄰居友人們聊聊天。而如果天氣不佳的日子，她也只好認份地待在家裡了。

可是，母親是個喜歡到戶外走走的人。雖然一向客氣的她，從不主動向我提出要求。但，母子連心，我很清楚她心裡頭其實是很想出去透透氣的，只是不想麻煩我而已。

將心比心，如果一個禮拜有七天，而每天都待在家裡頭，時間久了，任誰也會感到單調及無聊的。我既然總想「把母親當做寶來疼惜」，那麼，更應該正視她老人家的這項需求。

因此，我想出了一個兩全其美的辦法。由於妻每個星期的週六或週日，都會隨同她的親友到南部去禮佛，換言之，每個星期的週六或週日，我都至少會有半天的時間可以空下來。

正好，我就利用每個星期這難得的半天時間，載著母親（外傭瑞塔當然必須隨侍在側）到新竹縣市鄰近的郊區逛逛，藉此透透氣。

母親一定坐在車子前座我的右側，如此，一方面，她的視野會更寬廣些，也才能清楚地觀賞到車外的動態景物，而有助於她視覺及腦神經的反應。另方面，也方便於我能隨時向她提醒、解說車子所經過的地方，藉此喚起她以前經歷過的舊時景物以及記憶。

抵達目的地之後，我也會視當時地形地物的適當與否，改以輪椅推著她在四週逛逛。這個難得的機會，我一定由自己來為母親推輪椅，而不會假藉外傭瑞塔之手。

甚至，如果狀況允許的話，我也會讓母親下來走一小段路，活絡一下她的手腳及筋骨。就像以前我帶著她到國外旅遊一樣，母親右手拄著拐杖，我則攙扶著她的左手，母子二人倆，一步一步慢慢地往前走。

這些日子以來，坦白說，著實也走過了不少地方，我大致羅列如下。

距離稍遠者，包括：竹南的「龍鳳宮」；新埔的「三聖宮」；湖口的「老街」；竹北的「義民廟」、峨眉的「獅頭山」、「六寮溪」、「藤坪山莊」與「天恩彌勒佛院」、北埔的「老街」、竹東的「飛鳳山」；五峯的「五指山」；寶山的「寶山水

母親和我在石門水庫附近公園（早期）

母親和我在藤坪山莊（近期）

母親和我在藤坪山莊（早期）

母親和家人同遊石門水庫（近期）

庫」、「沙湖壢」；龍潭的「石門水庫」；大溪的「慈湖」。

距離較近者，主要為市區及郊區，包括：新竹高鐵站、巨城百貨公司、

母親和家人同遊五指山後午餐

母親與我在峨眉天恩彌勒佛院

母親和家人同遊慈湖

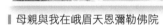

遠東百貨公司、科學園區「靜心湖」、十八尖山、清華大學、交通大學、新竹中學、新竹國小、東園國小、培英國中、南寮魚港、海埔新生地、新竹17公里海岸「看海公園」、何家園、古奇峯「恩主公廟」、青草湖、香山「慈濟新竹聯絡處」、市區護城河、石坊街、巨城、好市多、大潤發、西大路老家、北大路老家、食品路老家、以及市內的各大寺廟。

為了讓母親能夠緬懷舊往、活化記憶，我甚至以輪椅推著她，悠閒地在這她居住了將近百年的竹塹城，大街小巷地逛。我猶如識途老馬，為她導遊並詳細解說，試圖喚起她記憶金庫中的珍貴憶往。

我的出生地——西大路193號老家門前

母親和我在城隍廟前合影

▌母親和我在古奇峰恩主公廟

▌母親和我在青草湖畔合影

▌母親孩提時住在石坊街附近

▌母親和我在市區護城河畔

我忽而帶著她造訪她的出生地，以及她童年曾經住過的舊址，又忽而前往我自己的出生地，以及一甲子前曾經住過的老家，並探詢是否還有仍然住在那兒的老鄰居與舊識。

你能體會嗎？當時的那種錯綜複雜的感受？我推著母親在西大路老家，在方圓一百公尺的巷道裡穿梭。這個我的出生地，這個曾經孕育我從出生到國中二年級的舊宅，這個曾經是褚家最艱困的發跡地，也是母親她這一輩子中最感辛苦的歲月之處。

我不知道母親這時候在想些什麼？因為，雖然景物仍然有些依舊，但，一甲子的時光飛逝，人事早已全非了。我算是滿能瞭解母親內心深處的人，我想，此時此刻的她，或許只有四個字能夠描繪她的心境——「悲欣交集」。

「阿堯！我要謝謝你，真的很少人能夠像你這麼有心的照顧我、孝順我，不僅是我的身體，還有我的心境。」

突然，母親慈祥的雙目投向我並向我致謝。她的眼神中充滿著悲憫、欣慰、歡愉、與感激。

這樣的心情與心境，我自然能夠體會與理解。啊！母親，您不用謝我，您絕對值得我這麼用心地孝順您！

高齡已九十八歲的母親，其實，她的身體機能狀態已經逐日地在遞減中。一些老年人的慢性病症，也不可避免地陸續出現。慶幸的是母親的健康狀況，其實比一般年紀的人好得很多，而我也一直把她當做寶一樣，全心全意地盡力照料她。

我不僅請教相關的醫師，自己也經常上網找尋資料探討，並買些相關的書籍來研究。舉凡母親所需要的家用醫療器材、養生藥物、及健康食品，我都絕不會吝惜地買回來孝敬她老人家。

「阿堯，你以後不用浪費錢買這麼多保養品回來給我，我已經這麼大年紀了，真的不需要再花這種錢。」

我當然不會聽從她的話，因為，年紀大了才更需要保養呢！雖然一個人的世壽自有命定，但，我總認為，即使在有限的能力之下，我們還是應該盡一切可能，用心地為母親保健才對！

我經常這麼想，誠蒙佛菩薩對我的特別關愛，在我已過花甲之年，依然還能夠有個年近百歲的老母親，讓我親近她、孝順她、疼惜她。說實話，那真是對我莫大的恩賜，而我更是由衷地感恩不盡。

當然我也知道，除了感恩之外，更重要的是，要真誠的「珍惜」與用心的「把握」這一生與母親難得的善緣。

而我對和母親這段難得善緣的珍惜與把握，就如同前文所描述的，我所有的努力，無非是希望母親能夠健康長壽，而且，生命能夠活得更有質感與更為尊嚴。一言以蔽之，即是前文所多次提到的：

「把母親當做寶來疼惜」。

第12章

感謝佛菩薩讓我們做母子

我和母親之間，既深、且厚、又濃的母子關係，更是一種善緣。對我而言，這是此生最大的幸運，亦是難得的福報。因為，這一生，她注定要來度化我，除了母親，幾乎沒有人能夠讓我這顆頑石輕易點頭。坦白說，她就如同我的佛菩薩般地度我。真的，能夠受教於這樣的母親，我由衷地感謝佛菩薩讓我們成為母子的這個恩典。

本書一路寫來，我和母親之間的孺慕之情，其份量之深、之厚、之濃，我雖已盡其所能地予以描述了。但，實話說，也絕非單憑我這區區筆墨之文所能完全形容與言盡。

而倘若要我以簡單的一句話來表達的話，那麼，下面這句話，應該是我內心深處最純真與最誠摯的感受了——「感謝佛菩薩讓我們做母子」。

雖然，娑婆世界的芸芸眾生中，互為母子關係者，彼彼皆是，不足為奇。但，對我而言，能有此機緣與母親成為母子，而且是一種善緣，那真是我此生中最大的幸運，更是我最難得的福報。

怎麼說呢？淨空法師的法語中曾談及，佛開示過我們，在人的一生中互有往來的人，不外乎「報恩、報怨、討債、還債」等四種因緣，這也是人與人之間的四種關係。

如果在過去生中，你對某個人有恩，這個人在這一世就對你特別好，當你有艱難困苦時，他會全心全力的幫助你。就這種關係或緣份來說，他是來向你「報恩」的。

而我與母親之間，既深、且厚、又濃的母子關係，連我自己都很難解釋。妻曾經開玩笑地對我說：

「你和媽之間，或許有些『戀母情節』吧！」

我當然不同意這個說法，因為，「戀母情節」只是情感上的無理頭。而我對母親她老人家的尊敬、愛戴、與孝順，除了存在著深厚的感性之外，更兼具相當的理性。

如果借用上述人與人之間的四種關係來說，在過去生中，母親一定是對我特別有恩（其實，連這一生她都對我有恩），而我是來向她報恩的，否則，為何我會對她如此地極盡孝道呢？

我常這麼想，母親總共生了十個子女，而我是她的么兒，排行第九。先別說在這個年代，我當然是不可能出生的，就算是在舊日台灣的農業社會下，會生這麼多孩子的，也是不多見的。

換言之，我的出生應該是一種宿命。我是注定要被母親生下來，與她成為母子關係，而且，還是一種善緣的關係。因為，我是出生來向她報恩的。

能夠做為她的兒子，我深感幸運，因為，從此我有了直接向她報恩的最佳途徑。此外，能夠擁有這樣的母親，我更是與有榮焉，因為，在我心目中，她永遠是我最偉大的母親。

雖然天下多數的母親，在兒女的眼中，多半是偉大的。而我也知道，不同母親所展現的偉大，在程度上是不容相互比較的。但，我會很自豪的說，我母親的偉大是特殊的，是罕見的。

有太多的事跡與實例，能夠佐證我的說詞。而這方面的敘述，在我之前的拙作「話我九五老母——花甲么兒永遠的母親」中，已可望出端倪。尤其，在本書的前幾章裡，讀者們更可以感受到

母親一生充滿著傳奇性，不僅出身寒門，從小失怙，且經歷了兩次不同家庭的養女歲月，卻從不怨天也不尤人。及長，雖嫁做貧窮地主之妻，但家道一貧如洗，十個子女先後出生，沉重無比的家計負擔，長期不斷的加諸在她一個弱女子的身上，卻能夠隱忍認命，咬緊牙關，憑著自己無以倫比的堅強毅力，以及天生的聰慧靈敏，終於振興了褚家的家運。

我與母親之間，有著比一般人更為深厚的「母子之情」。尤其，已是花甲之年的我，還能有著一位高齡九十五歲的老母親來孝順，絕對是我一生中最大與最難得的福報。為此，我不僅要珍惜，而且要將它好好地寫下來，不僅做為我們褚家後代子孫的借鏡，而且，也做為一般社會發揚親情與孝道的範例。

謹以此書獻給我一生的導師以及永遠的母親褚林貴女士，感謝她老人家對我一輩子無始無邊以及無怨無悔的生我、鞠我、長我、育我、顧我、度我……。

前本拙作「話我九五老母」封底——寫作動機

母親在我心目中份量之重大。

有關這方面的內容，此處我不再贅述。我只想從一個人子的立場，傾訴對慈母的孺慕之情；也只想從一個已屆花甲之年的么兒，對年近百歲的老母親，那種母子之間，無論年歲有多大，日久不變且歷久彌濃的溫馨之情，作更進一步的闡述。

我說過，我的出生而成為母親的第九個孩子，實在不是一件容易的事。尤其是，母親在生下我之後，就生了一場大病。我今天依然可以想像，當時的她會有多麼的辛苦。

但，這一切幾乎都是一種命定。我在略為懂事之後才知道，當時褚家的家計非常艱困，母親已有眾多孩子需要撫養，再加上我這個出生未久的嬰兒嗷嗷待哺。尤其，她在產後又重病纏身。真不知道這樣的一位弱女子，她要如何咬緊牙關去渡過如此的困境？

我是個較早熟的孩子，打自懂事之後，總自責母親的病，是由於我的出生才造成的。為此，便經常警惕自己，這輩子我一定要對她更加地孝順，否則要如何回報她當年十月懷胎又辛苦生下我的恩情？

母親對我的恩情，當然不僅止於「生我」。在前一本拙作裡，我就多次提到，母親她老人家對我一輩子「無始無邊以及無怨無悔的生我、鞠我、長我、育我、顧我、度我、……」的難以言表的恩深情重。

這樣的恩德與親情，於我而言，真是「欲報之德，昊天罔極」（詩經・小雅・蓼莪）。想起年輕的時候念到此篇詩句時，感受其實並不很深刻，而如今再讀時，卻是無限感觸油然從心中湧起。

尤其是已屆花甲之年的我，非僅早為子女之父者久矣，更是兩位外孫的外祖

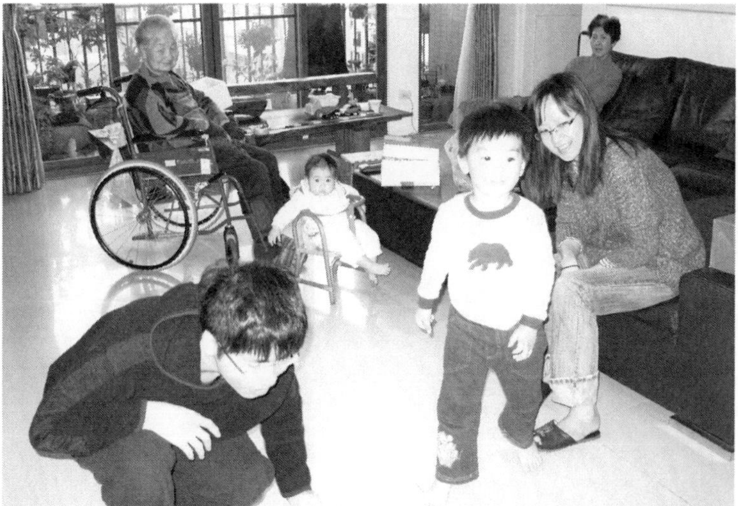

母親與我的家人在自家的客廳

母親與我的長外孫

母親、女兒與我的二外孫

父。而有了這些經歷之後，對於母親的大恩大德，更是能夠感同身受，也比以前更為刻骨銘心。

當然，每個人都有自己的母親，我並不完全清楚別人是如何感受或描述自己的母親偉大之處。而即便是我自家這麼多的兄姐們，我也真的不全然清楚他們對母親感受程度之差異。

然而，這些對我來說其實都不重要，我在乎的只是自己內心的感受。而那種感受是不可斗量的，也是無從比較的。因為，母與子之間，或子與母之間，那種親情與愛是渾之天成的，是真誠而不假造作的，是與生俱來的。

而我對母親的孺慕之情也是這樣，既真誠又自然。我之所以如此，當然是源自於前文所提的，她老人家對我從小至今，所惠予的無始無邊又無怨無悔，且源源不絕從未遞減的

母親心疼的兩個可愛外曾孫（我的外孫）

母愛。

這一輩子她對我恩深情重的母愛付出與澆灌，有關「生我」、「鞠我」、「長我」、「育我」、「顧我」等方面，我在前一本拙作中以及本書的前文裡已描述不少。因於此，我更想著墨的是，她在「度我」這方面對我無遠弗屆的影響與幫助。因為這方面的熏陶與耳濡目染，其實才是我獲益最深，以及最受感動的部份。

平心而論，一般母親對子女在「生我、鞠我、長我、育我、顧我」等方面，多少都會有所著力與付出的，只是程度深淺不同罷了。而唯獨「度我」這方面，並非是每個母親都有能力或機緣做得到的。

而我的母親則不然，這一生，她注定要度我。

不諱言地說，在日常一般應對中，或許我的表現還算謙遜有禮。但，內心世界裡其實是自命不凡，骨子裡更是自負與自大了些，脾氣方面，尤其需要再加改善。

這樣的性格，在外人面前，或許多半還壓得住。但，在面對自己的親人時，可就經常約制力失控而原形畢露。

母親對我這樣的個性，可說是既煩惱又擔心。

「阿堯，你其實是一個非常有善心，又處處為人著想的人，為這個家族也為別人做了不少好事。可是你若經常以不好的脾氣待人，那麼，你以前所做的一切善舉，也終究是白做了。」

她老人家經常既憂心又苦口婆心地勸我。

可不是嗎？佛門諺語中也常提到：「一念瞋心起，百萬障門開」、「一念瞋心起，火燒功德林」。

母親不厭其煩地告誡我，我這經常逞口舌一時之快的脾氣與瞋心，往往會落得不僅「有功無賞」，而且，最後更是「前功盡棄」，其實是件吃力不討好的事。

母親的話極是，她是個有修養、有智慧的傳統婦女。

這些年來，母親固定住在我這兒，而不再像前幾年總在大哥、四哥、與我之間，輪流住宿。換言之，我獨自擔負起了照顧母親的責任，希望母親不再因為定期遷移而感到不便與煩惱。

這絕對是我的心甘情願，當然也要感謝妻的支持與配合。說實話，就已是九十幾歲高齡的母親而言，能夠有一個安定便利的居所，比什麼都還重要。而真的要感謝佛菩薩的保佑，讓我能夠達成了這個長久以來的心願。

對母親的照料，我也毋需客氣的說，我確實是極盡孝順之用心。這相對於時下的人而言，坦白說，也是不多見。此點，當然也不是我自說自話，而是來自我的兄姊、親朋們對我的評論。

我之所以這麼做，當然不是在做給別人看，而絕對是心甘情願的。關於這點，只要是認識我的人或看過我書的人，一定會相信也都認同我。而我會這麼做，其實完全是源自於濃郁的孺慕之情所使然。

不過，美中不足的是，我在態度上還是有些瑕玼及不當之處。因為，在照顧母親的過程中，無論是在醫療或保健方面，我在觀念或作法上，經常表現得過於獨斷，或與兄姊們之間的溝通態度，缺乏耐性與應有的尊重。

換言之，我那潛伏在內心深處的自大、自負、與不當脾氣，竟然不自覺地悄然而出，而且，一而再，再而三。弄得兄姊們對我的不是，雖然內心甚為不悅，但，念及我對母親的至孝，終究還是原諒了這個么弟。

這樣的表現，絕對不是真正的我，我當然不會是這麼沒修養的人。我從來不是一個恃才傲物，也不是一個倚功自重的人。夜闌人靜時，我經常自我反省，是否我的內心壓力太重了呢？（其實，我所承擔的壓力真的好大）或是否……？

然而，一段時間過了，這樣的氛圍改善得很有限，它還是會間歇性地發生。而且，漸漸地變成了我的煩惱與憂慮。

「阿堯，我很感謝你和阿瑩讓我定居在此，使我方便了許多，心理也真正地安定了下來。你們的善行，我由衷地感恩，非常謝謝你們！」

「尤其，你對我真的是『事母至孝』，此點，我很感動。我也知道，你替你的兄姊們做了不少孝順我的事。你的胸襟是夠大的，但是，你的脾氣，還是讓我好擔心！」

聰慧的母親總是善用情境，藉機來教化我、引度我。

「阿堯，我能夠講講你脾氣的不當嗎？你會生氣嗎？」

你瞧，身為一個母親想要說說兒子的不是，都還要如此地客氣，一定是我真的太沒修養了。不過，我真的不得不佩服她，對我如此的用心良苦與真正疼惜。

她的內心有個願望，期待能夠點化我這顆頑石般的心與劣根性。

「你已為我付出這麼多，甚至，做到一般人都做不到的地步。對你，我不僅感動萬分也非常感謝，而你的兄姊們對你也是相當肯定。阿堯！你都做得這麼好了，為什麼不把你的脾氣也改好些呢？」

「你對我的至孝，即使做得再好，但，伴隨著不好的脾氣，終究，人家只會記得你這個缺點，這不是很冤枉嗎？」

我在脾氣上的不當，對她而言，包括：自命不凡、自以為是、自大、自負、不太聽人勸、以及耐性不足等個性上的多項缺陷。

「你這麼聰明，一定聽過也懂得『一粒老鼠屎，壞了一鍋粥』的簡單道理。阿堯！真的，趕快把你的不好脾氣徹底改掉，如果能夠做到的話，你的胸襟與格局將會提昇到更高的境界。」

母親她老人家總是以淺顯的道理來度化我，雖然她對佛經涉獵的並不多，但，她說出來的簡單道理，卻深具佛理的意味，這可能與她一輩子都篤信觀世音菩薩有關吧。從這點來說，母親是很有佛緣的。

她的慈悲心更是與生俱來的，每一位她的子女，她都深愛，而不會因為她長住我這兒，而有分別心。換言之，她衷心地希望我應該比以前更加尊敬兄姊們才對。因為，那才是我的翩翩風度，以及令人讚賞的胸懷與格局。

啊！母親說的極是，她真是善良與慈悲啊！

她是在保護我，也是在度化我。好幾次，我一犯再犯，一錯再錯，若不是她的慈悲與聰慧，以及她的苦口婆心與耐性，我這顆頑石幾乎是難以回頭是岸。

如今，我徹底領悟了這個簡單的大道理。在母親不厭其煩的諄諄教誨下，我這個浪子終於迷途知返。經常警惕自己，對兄姊們要以誠敬之心相待，而終能維持彼此間的良好關係。

說實話，這得感謝母親既慈悲又耐心的度化我。因為，除了母親之外，幾乎沒有人能夠讓我這一顆頑石點頭。

從小至今，母親在我的待人處世上，度化我的例子不勝枚舉。好像我們母子之間的關係，很大成份的生命意義是，這輩子她是來點化及引度我的，而我則是來向母親報恩的。

這點，我由衷地感恩於她，同時，也很慚愧地要向她老人家抱歉萬分。因為，雖然我很孝順她，但，也偶爾會對她有所不敬之處。更慚愧的是，她終究還是無所怨尤地原諒了我。

怎麼說呢？

幾乎很少人有近距離照顧九十幾歲長者的經驗，說實話，那真的不是一件很容易的事。日常的一些生活起居細節，就不用多談了，因為，雖然繁瑣，但，只要花上時間並付出心力與耐性，多半是可以迎刃而解的。

長期以來，在照料母親上，無論是細心與耐性方面，我自認為應該算是可圈可點的了。而唯獨在慢性病藥物及保健食品的服用上，母親始終有她自己的見解，而且，與我的看法經常有很大的出入。

母親自年輕以來就很不喜歡吃藥，但，年紀大了，不免會有些慢性疾病，因此，服些慢性藥物也是在所難的事。不過，她向來做事嚴謹，藥能夠不吃就不吃，能夠少吃就少吃。而且，恪守用藥不相沖原則，因此，用藥時間分得很清楚，往往影響了後續的飲食與作息時間。

這點，我也就尊重她了。誰又喜歡吃藥呢？

然而，在使用保健食品以及健康器材上，我們的觀點就有很大的不同，甚至，彼此有著南轅北轍的想法。

母親她老人家的想法，總認為她的年紀這麼大了，生理上的老化衰退都是自然的現象，而不需要刻意花錢在保健食品或健康器材上，總認為這麼做太浪費了。

我當然完全不同意她的想法。這些年來，我持續地根據她身體上的不同需求，設身處地為她準備了各種必要的保健食品與健康器材，總希望能夠儘量維持她良好的生理狀態。

為了取得這方面正確的知識與資訊，我時而上網查詢，時而請教專業醫師或藥廠的消費者服務專線，甚至，也經常買些相關書籍來研究。往往鑽研到最後，還自以為是半個專家呢！

「阿堯，媽老了，實在不必為我花太多的心力在這兒。」

經常，她捨不得我把一些時間放在她的健康保養上，總覺得自己是個累贅，要我把心思放在事業及家庭上。尤其，更要我多照顧自己身體，畢竟，我也老大不小了。

「媽，您放心！我比您年輕多了，向來就很重視自己身體的保健。倒是您，已是將近百歲的長者了，我把您當作寶一樣來疼惜，花較多的心力在您這兒，這也是理所當然的事。」

「更何況，長期以來對您的照顧，我也累積了不少經驗與心得，而這些都可做為將來我自己年歲更大時，自我照顧的寶貴知識與資訊。其實，我的收穫反而更是彌足珍貴呢！」

我想，對她老人家無微不至的體貼照應，以及全心全意的盡孝，我都做得心甘情願，而且也甘之若飴。然而，依然存在著美中不足之事。那就是，我的脾氣始終還是會不定期的偶爾發作。

問題發生在秉性善良的母親，雖然我對她長期以來的孝行，她也多半能夠欣然接受，而且，經常向人誇讚我對她無微不至的孝順。然而，隨著年歲的增長，她卻逐漸地開始婉拒我的善意。

起初，我還不會很在意。然而，隨著她婉拒的次數多了，我也開始感覺到受挫和委屈，好像母親不再信任我似地。偶爾，我心情低落時，也會和她有言語上的不敬和小爭執。甚至，有幾回還傷了她的尊嚴，而讓她難過萬分。

「阿堯，我知道你的所做、所為，一切都是為了我好。但是，你的方式及言詞，尤其你的脾氣，都已經傷害了我。雖然我知道你是善意的，但，我真的好難過。」

天啊！我真是罪過。世上有那一位孝子，他會如此傷透她慈母的心呢？不配，我不配稱之為孝子，因為，真正的孝子不會是脾氣不好的人，更不會是讓母親傷心的人。

為此，我不諱言地把自己這方面的劣根性，於此一五一十的寫出來，在活菩薩的面前自我批判，代表著我要真正的懺悔及改過。因為，我絕不希望自己，從原本是個孝子，卻淪落成一個逆子。

「阿堯，你不是每天都在敬誦『六祖壇經』嗎？六祖惠能大師也告誡世人，要『內調心性，外敬他人』，而你既然如此的虔誠，那麼，為何不從對待你的兄姊及我這方面做起呢？」

啊！母親又在度化我了。

慚愧啊！自認為敬誦「六祖壇經」已近五百部的我，竟然不如一個年近百歲老母親的睿智與靈性。

對她，我不得不心悅誠服；對她，我無話可說。這一生，她注定要來度化我。因為，除了母親，幾乎沒有人能讓我這顆頑石輕易的點頭。對我而言，她就如同我的佛菩薩一般。

寫到此，我的內心不由得湧現出一股溫馨暖流，對於這位偉大的慈母，我不禁要再度輕聲吶喊：

「感謝佛菩薩讓我們做母子」。

我想，這也是在我心坎深處，對她最誠摯與最純真的感受。母親，感謝您長期以來，對我無怨無悔以及苦口婆心的度化。我愛您！

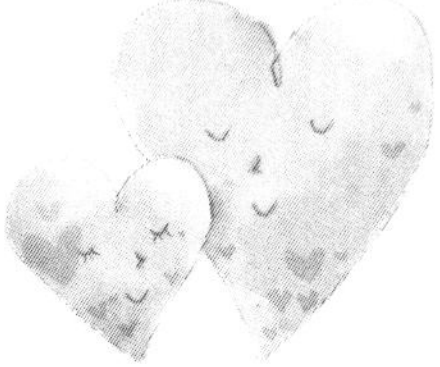

第13章

讓母親永遠留在我心深處

生命中的任何人、事、物都可能消逝，然而，「記憶」却是能夠與自己一生相伴的寶貝。我和母親之間的母子情深與孺慕之情，既濃郁又誠摯。這些年來，我花了不少心力在營造對母親的記憶，尤其，透過本章中的七種具體行動，我真的得到了這項珍貴的記憶寶貝，而讓母親永遠留在我心深處。

前些日子上網查詢資料時，無意間發現了一本書，光看書名我就甚感興趣，因此，隨即上網購買了下來。該書由「台北市快樂一生慈善基金會」出版，書名叫「明天的記憶——永遠記得爸媽的25種方法」。

書中強調的幾個觀念，我覺得滿值得參考的，特摘述幾則如下：

「人生最大的痛苦，是被兒女遺忘。」

「人生最大的悲哀，是消失了記憶。」

「當我們老了、殘了、廢了，誰能永遠相伴？只有記憶！」

「記憶是世界上最寶貴的資產。」

「凡走過必有痕跡，只要做了，『記憶』都永留心中，『記憶物』也將永留身旁。」

這些觀念都講進了我的心坎深處，尤其，為了永遠記得爸媽，書中更建議了多種方法，用具體的行動去創造記憶，以免將來造成遺憾。而以下所列的都是很值得參考的範例：

「為父母寫本傳記」、「為父母製作像片冊」、「為父母繪幅畫像」、「帶父母每年出遊」、「為父母成立基金會」、「以父母為建築命名」、「以父母為封面出書」、「以父母為名常捐功德」、「為父母設立紀念館」、「保有父母的舊房間」、「永遠戴著父母的手錶」、「永遠掛著父母的項鍊」、「為父母拍懷舊電影」、「以父母為行星命名」、「為父母重新修祠堂」……等。

作者更指出，如果能夠那麼做，最大受益者終究還是自己。因為，父母會消逝，但「記憶」卻是能夠與自己一生相伴的寶貝。對於這些看法與做法，我都給予非常高度的認同與肯定。

同時，我也非常欣慰，因為，在還沒有看到這本書之前，這些年來，我早已是這麼在做了，真是英雄所見略同。當然，這些做法也不可能照單全做，因為，有些項目的難度其實也並不低。

然而，母親在我心中的地位是無比崇高的。從上一本我為她寫的拙作「話我九五老母——花甲么兒永遠的母親」一書中，我即深入描述與她之間的「母子情深宿世緣」，更強調她是我永遠永遠的母親，也是我一生的導師。

尤其，在這本書的前文中，我更進一步著墨：母親是我永遠的偶像，是我的上師與明燈，我把已年屆百歲的母親當做寶來疼惜，更由衷地感謝佛菩薩讓我們做母子。

這些隻字片語，在在顯示出我與她之間的母子情深與孺慕之情，是何等濃郁！又是何其誠摯！而弦外之意，更表達了一位花甲么兒的心聲，希望能夠讓母親永遠留在我心深處。

為此，多年來，不知不覺之間，我竟然已經做了不少這方面相關的具體行動。如果略加比對前面所提的十五種參考範例中，我居然已經做了七種之多，幾乎佔了將近一半的比例。

客觀來說，若不是有心的話，其實任何一項都是不容易完成之事。而我卻有幸能夠獲得這麼多成果，內心自然覺得非常欣慰。如今不忍藏私，特依時間順序描述，與讀者們分享於后。

以母親為名常捐功德

母親雖然出身貧寒之家，但，她生性待人大肚隨和，而且慷慨樂善好施。尤其，在褚家家道逐漸好轉之後，她更是急公好義、勤於助人。

如果她認識的親朋好友發生了困難，只要開口尋求她的奧援，除非是她能力所不及的，否則，她一定盡力做到。甚至，即使是不認識的人，只要她知道了，也會主動協助。

例如：國內外發生了地震、飢荒、水災、或風災……等天然災害，或個人不幸的遭遇，即使她的能力其實有限，但，也絕對會盡一己之力去協助他們。

在前一本拙作與本書前文中我就提過，政府每個月發給她的「敬老津貼」與「安老津貼」的補助款，雖然錢進了她的戶頭，但，她卻幾乎不曾自己使用過。

因為，她總是要我全數領出來，甚至，加上她平時省吃儉用下來的積蓄，一併定期分別捐贈給一些慈善機構。經常寄贈的機構包括：「慈濟慈善事業基金會」、「創世社會福利基金會」、「基督教門諾基金會」、及「天主教會新竹教區附設德蘭兒童中心」……等。

每次都由我幫她從戶頭領錢出來，然後以她的名義分別捐贈給上述幾家機構。受到她如此仁心仁義的德風感召，只要她做了如上的捐獻，我也會以適當的金

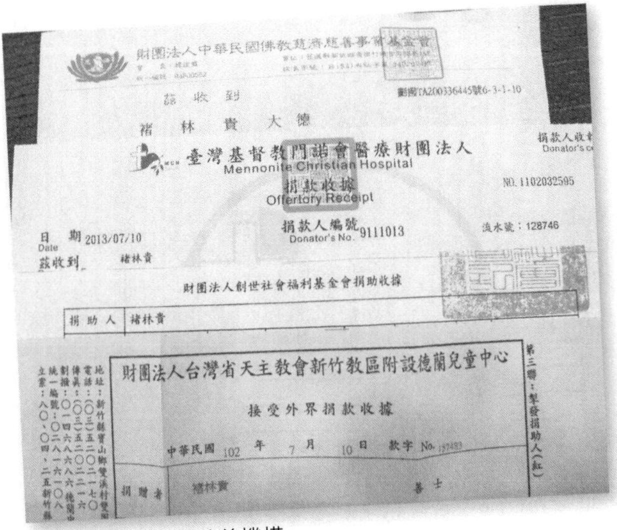

母親經常捐贈的慈善機構

額配合捐贈出去。她示現給我的身教，就在生命與生活的日常當中，我真的以能有這樣的一位母親為榮。

順便值得一提的是，照顧母親至今已逾七載的外傭瑞塔，更是把母親當做恩人看待。說來，瑞塔其實是一位滿可憐的女人，她居台的七年以來，歷經了父親、先生、以及母親的陸續辭世，而膝下尚有兩位女兒需要她獨力撫養。

長年以來，母親幾乎把瑞塔當作自己的親生孫女般地看待。對她除了正規薪資的支付外，逢年過節也多給了她不少的額外獎金。遇到她家有急需時，更是讓她無息備支；甚至，經常伸出援手接濟她的家庭。

較為重大的事件，包括前幾年她先生染上了SARS，母親、我、和整個家族給了她一筆不少的醫療費用治療，若非母親的善心及堅持，她的先生根本不可能治癒。

為此，她的先生也視母親為救命恩人。可惜的是，最後他先生卻在沙烏地阿拉伯，因工作傷害而客死他鄉。當時，母親、我、和整個家族非常同情瑞塔的遭遇，再次捐贈了不少善款給她。

此外，兩年前得知她母親罹患胃癌後，宅心仁厚的母親，更是多次慷慨解囊幫助她母親治療。母親的義行深深地感動了瑞塔的母親，視母親為恩人自不在話下，更囑付瑞塔日後一定要報答我母親的恩情，好好地服侍母親，除非我母親不需要她，否則不能逕自離開母親返回菲律賓。

可惜的是，瑞塔的母親終究還是敵不過病魔，不久之後就辭世了。為此，母親、我、和整個家族又分別給了瑞塔不少的善款。而這些義行，都是在母親的感召之下完成的。

更令人敬佩的是，自從瑞塔的大女兒在菲律賓上了大學之後，為了減輕瑞塔沈重的家計負擔，母親更是每學期補助瑞塔兩個女兒的註冊費。此外，每個月更是提供額外的生活補助費。我深受母親的義行感召，也熱心地以同額補助了她們。

這些義行至今仍在進行中，無怪乎瑞塔要把母親視為她這一生中的大恩人與貴人，因為，即使是瑞塔的母親或祖母也無法對待她如此之好。

或許你不太能理解我的母親，她為何會這麼做？

「我這輩子勤儉持家，省吃儉用下來的微薄積蓄，多年來，也捐給了不少慈善機構。對那些不認識的對象，我都捨得布施了，更何況照顧了我七年之久的瑞塔呢？」

「瑞塔的可憐遭遇是令人同情的，看到她今天的處境，也令我想起了自己艱辛困頓的從前。因此，我很願意幫助她。尤其，那些不認識的人我都在幫了，瑞塔我當然就更該幫她了。」

從她老人家所說的這些話語中，你便可以感受到，她不僅是一位宅心仁厚、慈悲善良的長者；她更是一位愛屋及烏的好長輩。

誠然，前述母親的諸多善行，必然永遠留在我心深處。當然，這絕不只是因為以母親為名常捐功德；事實上，最令我感佩的是，她具體付諸於生活日常中的諸多德風義行，更能在我心深處留下永遠的記憶與懷念。

帶母親經常出遊

平心而論，在諸位兄姐們之中，我和母親確實有著更為深厚的緣份。因此，我能夠擁有正如本書和前一本拙作中所描述的，和母親多次出遊的機會，而留下了我一輩子都會好好珍惜的快樂回憶。

這些出遊的機會，國內的次數之多，自不在話下，也不勝枚舉。至於國外一齊同遊的次數，也是不少。尤其，如前本拙作及本書前文中述及的，在母親八十歲至九十歲之間，我還帶著她老人家到過：「北歐四國及俄羅斯」、「兩次中國上海行」、「日本北海道」、與「日本立山黑部」等地。

我對於上述與母親同遊的陳年過往，印象尤為深刻，因此，在我的記憶金庫裡，更是留存著永遠不會消失的記憶。坦白說，對我而言，這些珍貴難得的記憶都是無價之寶。

平心而論，有關這方面的投入與付出，我是用心的。

首先，這些年來我與母親的同遊，整個行程中的重要活動、精彩畫面、或深具意義的情景，我都會以數位相機或攝影機拍攝下來。而且，寧可多拍些而不願漏照一二。

因此，在我的個人電腦中，我儲存了不少有關母親的照片檔。同時，我也按照時間、地點、及主題加以分類，如此，有助於當我想找尋資訊或想回憶陳年往事時，能夠很快地飛越時空，輕易地切入記憶甬道中，去緬懷與母親同遊的快樂時光。

此外，我也保有不少在尚無電子檔前母親的傳統照片，雖然有些舊照片早已泛黃，但，對我而言，都是彌足珍貴。甚至即使已有電子檔的照片，我也會特地選擇一部份沖洗出來並夾入傳統相簿中，以方便母親隨時拿出來翻閱，讓她能夠經常重溫往日的快樂時光。

值得一提的是，我亦保留了當年和母親出國同遊的旅遊行程表（旅行社印製的），因為，它也是將來能夠幫助我喚起陳年記憶的寶貴資料。因此，奉勸各位讀者，千萬別隨手丟了，免得將來覺得遺憾。

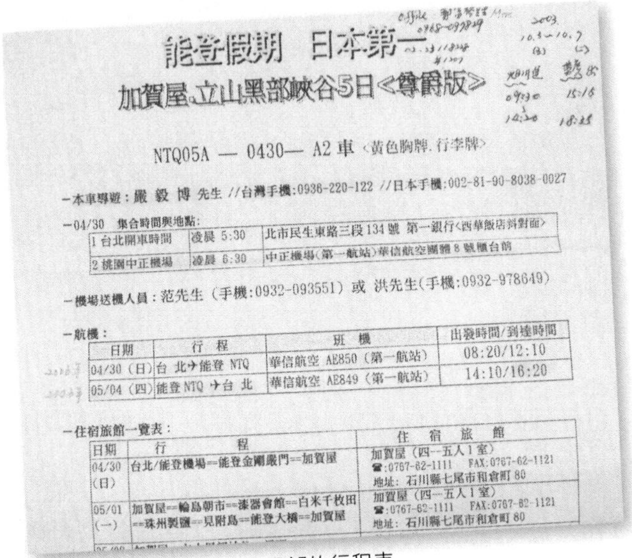

能登假期　日本第一

加賀屋.立山黑部峽谷5日<尊爵版>

NTQ05A — 0430— A2 車〈黃色胸牌.行李牌〉

一本車導遊：嚴 毅 博 先生 //台灣手機:0936-220-122 //日本手機:002-81-90-8038-0027

一04/30　集合時間與地點:

1 台北開車時間	凌晨 5:30	北市民生東路三段134號 第一銀行〈西華飯店斜對面〉
2 桃園中正機場	凌晨 6:30	中正機場(第一航站)華信航空團體8號櫃台前

一機場送機人員：范先生（手機:0932-093551）或 洪先生(手機:0932-978649)

一航機：

日期	行　程	班　機	出發時間/到達時間
04/30（日）	台 北→能登 NTQ	華信航空 AE850（第一航站）	08:20/12:10
05/04（四）	能登 NTQ →台 北	華信航空 AE849（第一航站）	14:10/16:20

一住宿旅館一覽表：

日期	行　程	住　宿　旅　館
04/30（日）	台北/能登機場==能登金剛巖門==加賀屋	加賀屋（四--五人1室）☎:0767-62-1111　FAX:0767-62-1121 地址：石川縣七尾市和倉町80
05/01（一）	加賀屋==輪島朝市==漆器會館==白米千枚田==珠州製鹽==見附島==能登大橋==加賀屋	加賀屋（四--五人1室）☎:0767-62-1111　FAX:0767-62-1121 地址：石川縣七尾市和倉町80

母親和我同遊日本立山黑部的行程表

總之，不論是傳統相簿、電子照片檔、或是旅遊行程表……等能夠幫你追回記憶的媒介物，它們當然都是重要的。但是，更重要的是——帶母親經常出遊。

因為，如果沒有具體的行動，你又如何能夠創造明天的記憶呢？

為母親製作相片冊

正如前文所描述的，一直以來，和母親同行的國內外旅遊，每次我都會刻意地拍攝留影，希望能夠為未來創造一些珍貴的記憶，以做為日後緬懷及追憶的媒介與憑藉。

在這些難能可貴的影像中，有傳統的沖洗相片，也有數位的電子相片。有關傳統的照片，我通常會幫母親製作成大小不同的相冊，以方便於母親想看的時候翻閱。甚至，近年來我也把精彩或有意義的舊相片翻拍成數位版，以便於日後永久保存。

至於已是數位影像的，較精彩或深具意義的部份，我也會將它們沖洗成照片，並編製成冊。主要還是為了母親，讓她覺得方便，想翻閱時隨時可以拿出來翻閱它。

我總覺得，對於年近百歲高齡的母親，能夠讓她經常回憶起往日的快樂時光，在身心上絕對是有相當助益的。尤其，對於她的腦力活絡，更是有所裨益。

近日，在整理相片時，我特地把母親的一些照片，放進「i Pad」的「照片夾」裡。我在這裡建立了一個母親專屬的照片檔，它可說是一個「電子版相片冊」。

相片冊中所蒐羅的，不僅有前述與母親同遊的諸多珍貴相片；此外，我更把前本拙作「話我九五老母」中的所有照片，一併匯進同一個檔案夾中。檔案中更包括了母親從年輕到今天，不同年齡階段的生活照，可說是珍貴無比的相片檔。

值得在此一提的是，我更教會了母親如何在「i Pad」上看自己的照片。雖說是簡單的幾個動作。但，對已經年近百歲的母親來說，也不是一件很容易的事。

我很有耐心地在身旁教她，並示範給她看。不愧是我聰慧靈敏的母親，這件事難不倒她。看著她拿「i Pad」，輕鬆自在地用手指左右划動，欣賞著自己從年輕到老的珍貴照片，我內心裡一股溫馨之流油然而升。

「阿堯，你看！我會自己操作了。現在的科技真是了不起，這些照片比傳統相簿的畫面更大、更清晰、也更有質感。謝謝你教會了我使用這個東西！」

說完，她又逕自划動著「i Pad」螢

母親在iPod中的相片冊

幕上的照片，一付自得其樂的神情。別說她很有成就感，就是我，也真是與有榮焉。

為母親寫本傳記

認識我的人，包括自家眾位兄姊以及親朋好友們，都很清楚我與母親之間，有著較一般人更為深厚的「母子之情」，以及長年以來我對母親的「孺慕之情」。

尤其，對於一個已過花甲之年的我，依然還能夠有著一位將近百歲的老母親來孝順，這絕對是我一輩子最難得與最大的福報。關於此點，我由衷地再度感謝佛菩薩賜予的無上福澤與恩點。

此外，多年以來，我不僅非常慎重地把握與珍惜這個福報，同時，也一直在想著，要好好為母親寫下一本她的傳記。這本傳記，除了可做為我們褚家後代子孫們的典範與借鏡外，也可供做一般社會發揚親情與孝道的範例。

其實，對我尤其重要的是，如果能夠為母親寫本傳記，也是為我自己創造了明天的記憶，讓我能夠永遠記得我最敬愛的老母親。

源自於這樣的初衷與因緣。我為母親特別撰寫的第一本傳記——「話我九五老母——花甲么兒永遠的母親」，就在二〇一二年的母親節完稿，並於當年八月正式問世。

這本書中，我從七個不同主題切入，分別去描述我永遠敬愛及崇拜的老母親。這七個主題包括：

1. 母親的養女歲月——寒門出身不怨天
2. 貧窮地主之妻——隨緣認命振家運
3. 母親和她心肝的十個子女——十指同心皆所愛
4. 母親和么兒阿堯——母子情深宿世緣
5. 伴母國外旅遊歡樂時光——
   - 北歐同遊三代情深（八十歲・北歐及俄羅斯行）
   - 上海灘前母子同行（八十五歲・初遊中國上海）

- 母親捐贈圖書受贈單位感謝函
- 母親創立的教育基金會
- 光敷二姐夫讚敘母親信
- 母親九十五歲壽誕喜宴大哥致詞
- 母親九十五歲壽誕喜宴宗堯致詞
- 宗堯伴母之旅詩選二十四首
- 宗堯就讀臺灣大學時以母為範之「十願」

看過拙作的親朋好友以及不少讀者們，給了我相當肯定的回應。他們不僅對於書中的老母親深為敬佩，更感動於我與母親之間濃郁的母子情深與孺慕之情。

尤其，更佩服我對本書資料蒐集之用心與豐富，真的，那真的是一件很不容易的事。我在想，如果我能夠提早十年就構思為母情作傳記的話，那麼書中的內容一定會更為豐富也更具有價值。

此外，大家也對於我能夠在書中編列不少與母親相關的資料與照片，甚表激賞！此點，真的難度更高，幾乎蒐羅了母親自結婚後，以至近年來的各類相片。如果不是高度的有心，我不諱言地必須說，真的是沒有幾個人能夠做得到。

坦白說，能夠順利完成母親的這本傳記，我必須承認，內心真是與有榮焉，而且也覺得頗有成就感的。

此外，不諱言地說，這本傳記深獲親朋好友及不少讀者們的肯定。因此，陸續已有不少人希望我能夠接著為母親寫第二本傳記。因為，他們認為這樣的題材與內容，能夠為今天世風日下的社會注入一股清流，而做為發揚孝道與親情的優良讀物。

受到這麼多人的肯定與鼓勵，使得母親的第二本傳記——「母親，慢慢來，我會等您」，終於得以問世。

在這第二本拙作中，我更深入地以我和母親兩人為主軸，淋漓盡至的闡述花甲么兒和年屆百歲老母親間的深厚緣份，環繞著人之情常的「母子情深」與「孺慕之情」。坦白說，字字皆是我由衷的心聲，而句句也都是我的肺腑之言。

我分別從「母親，慢慢來，我會等您」、「再老還是母親的孩子」、「母親，謝謝您生下了我」、「母親是我永遠的偶像」、「母親賜給我的無價之寶」、「母親是我的上師與明燈」、「特別思念母親的日子」、「能夠常看到母親是一種幸福」、「好好珍惜和母親相處的時刻」、「曲意承歡是給母親最好的禮物」、「把母親當做寶來疼惜」、「感謝佛菩薩讓我們做母子」，一直寫到「讓母親永遠留在我心深處」，做為本書的最後一章。

為母親寫的傳記——「話我九五老母——花甲么兒永遠的母親」

寫完之後，我深深地感恩於佛菩薩，賜給我如此寶貴的機緣與能力，為母親完成了這兩本傳記。最難能可貴的是，我確確實實以具體的行動在創造未來的記憶，因為——透過這兩本傳記的撰寫，母親已經永遠留在我心深處，永遠不會消失，也不會遺忘。

以母親為封面出書

一個人如果能夠被做為封面來出書，想當然爾，這個人必然有著一定的份量，或對於這本書一定有著特殊的意義，否則，不會輕易地被用來做如此的封面設計。

回想當時，在完成「話我九五老母——花甲么兒永遠的母親」文稿後，隨即思考著該如何進行封面的設計？在幾經和出版商的編輯人員討論之後，他們建議以母親的相片做為封面的主題。當責任編輯陳小姐把第一次樣稿寄給我看時，我就非常的滿意。於是，封面的主題很快地就此定稿了。

母親做為封面主題的這張照片，是具有非常意義的。由於那是在此之前，我最後一次單獨陪伴她到國外旅遊時所拍攝的相片。因此，不僅難得又極為珍貴。

那是發生在二〇〇六年的五月天，母親節的前夕。當年母親正值九十歲高齡，我獨自一人帶著她，隨著旅行團登臨了日本的「立山黑部」。

旅程中的細節，已在前一本拙作中詳細描述過，我不再贅述，就直接跳到該次旅遊的最後一站吧！當大夥兒開始依依不捨地互相合照留念時，我和母親頓時成了最受歡迎的合照對象。不，應該說母親才是人氣最旺的主角，而我只是附帶的配角而已。

我並非刻意地誇讚母親，真的，從小在我的印象中，母親天生所散發出來的高雅氣質，以及深具教養的待人接物舉止，讓她很快地就被曾經和她相處過的人所欣賞及景仰。換言之，她真是一個天生的人氣王。

而此書封面主角的照片，完全顯現出我剛才對母親所描述的高雅氣質。究竟是在那兒拍攝的呢？其實，那可是在不經意而且非常自然的機緣下的產物。

當我們正準備離開行程的最後一站「武家屋敷」之前，路經了一家鄰舍，雖然，它只是一個普通人家，但，門口及門前的小橋上，擺置了好幾盆美麗的花草，構成了非常典雅的畫面。

我抓緊了時間，請母親趕快上鏡頭。果然，母親一入鏡，畫面更是生色許多。我將快門一按，此景又成了日後我會經常拿出來翻閱，而極其彌足珍貴的相片之一。

尤其，萬萬想不到的是，這張照片竟然成為「話我九五老母——花甲么兒永遠的母親」一書的封面主題。這真是難得的機緣使然，它對我更是深具無限的意義。

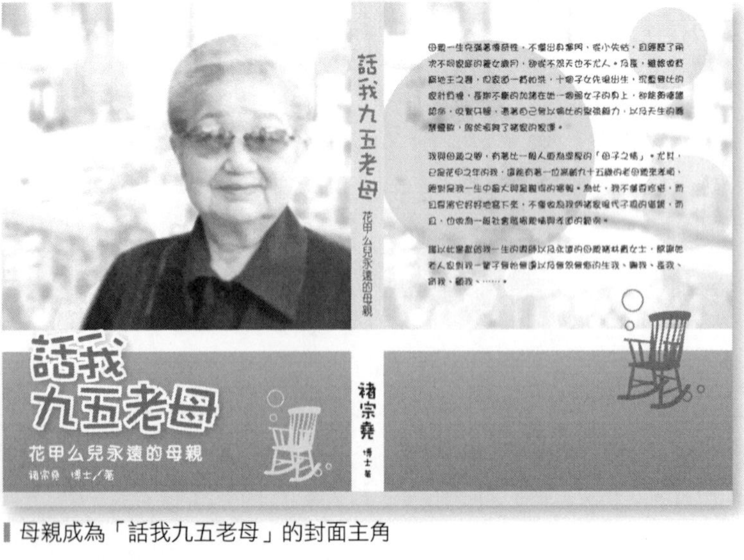

母親成為「話我九五老母」的封面主角

坦白說，能夠以母親為封面來出書，也是佛菩薩賜予我的一個無上恩典，因為，這並非每個人想求就能求得到的。於此，我由衷地再度感謝佛菩薩的恩賜，讓我得以具體行動對母親創造了更深刻的記憶。

為母親繪幅畫像

如果我的繪畫能力不錯的話，我肯定會親筆為母親繪一幅畫像。相信那一幅畫像，定然富饒著濃郁的母子情深，以及我對母親深厚的孺慕之情，而為我留下非比尋常的意義。

只可惜，我的繪畫天份遠不及母親。雖然，我在臨摹能力面方尚可，但，要直接為母親畫像的功力可就明顯不足。雖然，以往我也曾經想過嚐試，最後還是作罷。

倒是母親，她頗具繪畫的天賦。約莫在民國八十三年的年初，也就是在她七十八歲時，突然開展了她對繪畫的興趣。她拾起了畫筆，無師自通地畫了將近十之久。直到眼睛吃力的關係，她才停止了作畫。

相信嗎？她的畫作竟然有百幅之多。有些則因她自己不滿意而丟棄了，頗為可惜！還好，我保存了將近五十幅左右，經她挑選了幾幅較為滿意的，我們特地將其裱框起來。

雖然，我沒有能力為母親繪幅畫像，但，我還是為母親作了一件頗有意義的事。那就是，我特別從她的畫作中，挑選了二十五幅代表作，加以翻拍並集錦編列於前一本我為她寫的傳記中，藉以聊表我對她的敬意。

值得一提的是，對於未能親自替母親繪一幅畫像，我還是有些遺憾。所幸，佛菩薩再次送給我一個禮物——在一個偶然的機緣下，我的好友宗濆兄為我替母親素描了一幅珍貴的畫像。

宗濆兄是新竹高中知名美術老師之子，蒙受其父李宴芳老師的優良遺傳，是一位深具潛力的業餘書畫家。他們夫婦倆對我母親又頗為熟識，因此，由宗濆兄來為我母親作畫，真是再貼切不過了。

這幅畫完成於民國一〇二年一月十八日，畫中的母親非常傳神，雍容、慈祥、聰慧、靈敏……等神韻，宗潢兄都完全捕捉到了。感謝宗潢兄的熱心與才情，幫我完成了為母親繪一幅畫像的任務，沒有他的話，這個心願根本無法達成。

母親的素描畫像——好友宗潢兄的傑作

為母親成立基金會

雖然今天我已年逾花甲之年，但，每每忘不了一些兒時的陳年憶往。尤其是在小學時，由於家境的困窘，母親為了貼補家用，除了幫人洗衣、打雜之外，更在家為人編織竹籐類的製品。

而為了趕工，往往熬到深夜還無法上床休息。我永遠忘不了那個景象，在半夜醒來上廁所時，看到那可憐又可敬的母親，仍然低著頭、駝著背，在暗沈的燭光下趕工。

由於工作過度，她的十根手指頭經常因籐竹刮傷而貼滿膠布，不時還有血漬溢出，卻依然必須工作下去。看到此情此景，我的內心萬分難過，小小心靈激動的立下了誓言：

「媽！您放心，我會努力用功念書，將來出人頭地，一定會好好孝順您！」

後來，我當然沒有辜負了她的苦心，也從來無法忘懷當年的一景一物。因為，那畫面既令我感動也影響了我一生。

真的，窮人家的小孩沒有不努力向上的權力。猶記得當時的我，仍處於國小必須參加「惡補」（這個名詞只有和我年齡相近的人才熟悉）的升學激烈競爭年代。我的成績總是名列前茅，但，卻無法不參加補習（因為班上每個人都參加）。而每個月，母親和我總是在為繳不出那金額其實不是很大的補習費而煩惱。

夠窮了吧！我們家是屬於道地的清寒學子。我的成績這麼好（畢業當年，我是新竹國小以第一高分考上新竹一中（建華國中前身）的。但，卻老是為了繳不出補習費而煩惱，而且，總是毫無奧援可尋。

為此，當時年紀雖小，志氣卻很高，我向母親發下了一個宏願：

「有朝一日，我若能出人頭地，一定要幫助像我們一樣窮人家的小孩。」

這樣的宏願，其實也等得有些久了，但，皇天總算不負苦心人，終究還是如願達成了。

就在民國一〇一年的年初，我和母親各自捐贈了新台幣一百萬元（合計兩百萬元），共同發起成立了「財團法人褚林貴教育基金會」。這筆錢我原本想全額獨自

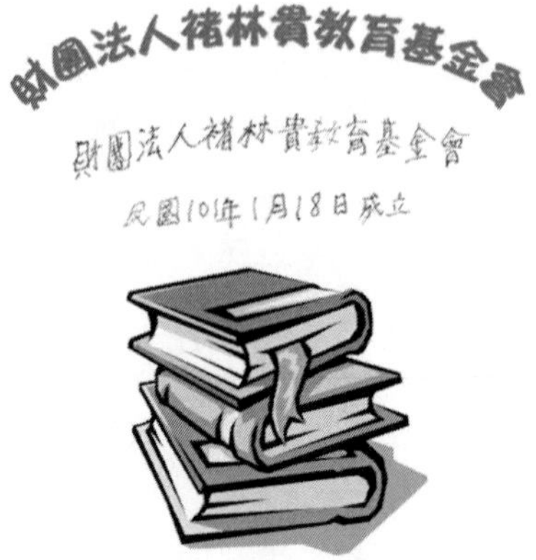

褚林貴教育基金會在facebook上之Logo
（手稿為母親之親筆）

承擔，而不讓母親把她辛苦一輩子省吃儉用的積蓄捐出。但，在她極力的堅持下，我也只能順從她的旨意。

後來，又為了基金會的名字以及董事長人選之事，我們有些不同的意見。她執意不能以她的名義做為基金會之名，也婉拒擔任基金會董事長之職。我費了好大的勁以及很長的時間去說服她，強調那麼做，對我的意義是非常重大的，她才好不容易答應了我。

就此，基金會於民國一〇一年一月十八日正式成立，母親榮膺第一任董事長，我則義不容辭地擔任了執行長。自此，基金會積極展開了多年來母子一直企盼得以實現的宏願。

成立這個基金會的宗旨，主要是秉持著母親慈悲為懷、樂熟善好施的精神，除了主動贊助家庭清寒學子努力向學之外，並以提升家庭教育及社會教育之品質及水準，做為本基金會今後發展的三大主軸及任務。

職此，舉凡與這三者攸關之活動、事務的推展，包括書籍或刊物的出版，以及教育人才之培育及提升等，皆為本基金會未來努力的方向與目標。

母親和我期望能夠透過本基金會的執行，以實際行動略盡綿薄之力。當然，更希望能夠藉此拋磚引玉，呼籲社會上更多的人士及機構，一齊投入回饋社會的行列。

說實話，「為母親成立基金會」此舉對我真是意義非凡。母親是第一任董事長，我則是第一任執行長，我們母子倆共同發起，不僅出錢也出力。用這樣具體行動去創造將來緬懷母親的記憶，只要基金會運作健全的話，這記憶也將永遠不會消失。

我更高興的是，這些年來，我竟然在不知不覺中陸續地做了上述「以母親為名常捐功德」、「帶母親經常出遊」、「為母親製作相片冊」、「為母親寫本傳記」、

「以母親為封面出書」、「為母親繪幅畫像」、以及「為母親成立基金會」等七種創造記憶的具體行動。

的確，任何人、事、物都可能隨時光消逝，然而，「記憶」卻是一定能夠與自己一生相伴的寶貝。這些年來，雖然我花了不少心力與時間在此，但，最大的受益者還是我自己。因為，透過了上述七種具體行動，我真的得到了這項珍貴的記憶寶貝：

「讓母親永遠留在我心深處」。

附錄一　母親創立的教育基金會

母親是「財團法人褚林貴教育基金會」的創會董事長，此處特將基金會的成立宗旨、使命、方向、及目標，透由在facebook上之基本資料簡介如後，期能藉此拋磚引玉，呼籲更多的社會人士及機構一起投入回饋社會的行列。

1.褚林貴教育基金會在facebook上之基本資料

名稱：財團法人褚林貴教育基金會

地址：30068新竹市綠水路42號8樓之2

公司概覽：

本基金會成立於民國一〇一年一月十八日，由董事長褚林貴女士以及執行長褚宗堯先生共同捐贈出資設立。

成立之宗旨主要是秉持褚林貴女士慈悲為懷、熱善好施之精神，並以贊助家境清寒之學子努力向學，以及提升家庭教育與社會教育之品質及水準為本基金會發展之三大主軸。

董事長褚林貴女士民國六年出生，現年已高壽九十八歲。她的一生充滿著傳奇性，不僅出身寒門，從小失怙，而且，經歷了兩次不同家庭的養女歲月，卻從不怨天也不尤人。及長，雖嫁做貧窮地主之妻，但家道一貧如洗，十個子女先後出生，沉重無比的家計負擔，長期不斷的加諸在她一個弱女子的身上，她卻能夠隨緣認命，咬緊牙關，憑著自己無以倫比的堅強毅力，以及天生的聰慧靈敏，終於振興了褚家的家運。

今天的褚家，雖非達官顯貴之家，但，至少也是個書香門第，是一門對國家及社會有一定貢獻的家族。她的孩子中有博士、有教授、有名師、有作家、有董事長、有總經理……等。以褚林貴女士的那個艱困年代，以及她的貧寒出身而言，能夠單憑她的一雙手造就出如此均質的兒女出來，真的不得不佩服她教育子女的成功，以及對子女教育的重視與堅持。

如今，她膝下已兒孫滿堂而且多數稍具成就。為此，更感念於過去生活之艱辛不易，而極欲回饋社會。一方面，希望能夠協助需要幫助的弱勢學子，另方面，更思及家庭教育及社會教育之重要功能實不可忽視，因此，主動成立此教育基金會。

褚林貴女士期望能夠透過本基金會之執行，以實際行動略盡綿薄之力，並藉此拋磚引玉，呼籲更多的社會人士及機構一起投入回饋社會的行列。

簡介：

本基金會秉持褚林貴女士慈悲為懷、熱善好施之精神，除了主動贊助家庭清寒之學子努力向學之外，並以提升家庭教育及社會教育之品質及水準，做為本基金會今後發展的三大主軸。

為此，舉凡此三者相關之事務、活動的推展，包括書籍或刊物之出版，以及教育人才之培育及提升等，皆為本基金會未來努力之方向及目標。

基本資料：

許可證書號：（101）竹市教社字第一〇八號

核准設立文號：（101）府教社字第六〇六六號

董事長：褚林貴／執行長：褚宗堯／總幹事暨聯絡人：朱淑芬

【捐款方式】

〈若蒙捐贈請告知：捐款人姓名、身份證統一編號、戶籍地址、以便開立收據〉

銀行代號：0050164（土地銀行新竹分行）

銀行帳號：016001047730

地址：新竹市綠水路42號8樓之2

電話：03-5636988　分機205

傳真：03-5786380

E-mail：juliachu@chiwanart.com.tw

基金會類別：教育類

統一編號：31658509

法院登記完成日：中華民國101年2月1日

使命：提升新竹市教育品質、充實新竹市教育資源。

成立時間：2012年1月18日

產品：

一、促進家庭教育與社會教育相關事務及活動之推展。

二、協助並贊助家庭教育與社會教育相關人才之培育及提升。

三、出版或贊助與家庭教育及社會教育相關之書籍或刊物。

四、設置清寒獎助學金獎勵及贊助家庭清寒學生努力向學。

五、贊助及推動與家庭教育及社會教育相關之藝文公益活動。

六、其他與本會創立宗旨有關之公益性教育事務。

聯絡電話：03-5636988　分機205

電子郵件：juliachu@chiwanart.com.tw

網址：http://www.facebook.com/chulinkuei

2. 褚林貴教育基金會之設立許可證書

褚林貴教育基金會於民國一〇一年一月十八日，正式獲得新竹市政府之核准設立。

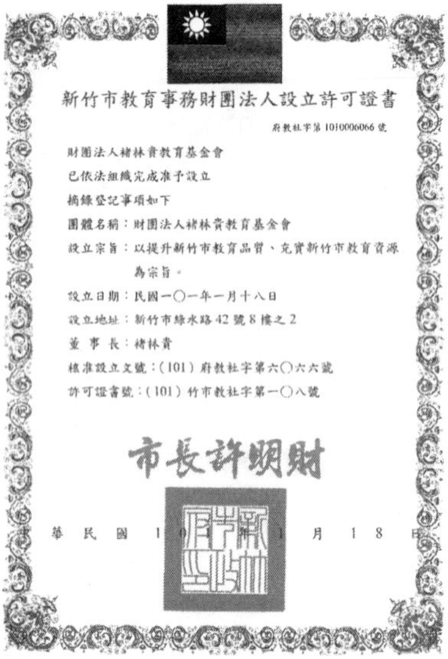

新竹市教育事務財團法人設立許可證書

府教社字第1010006066號

財團法人褚林貴教育基金會

已依法組織完成准予設立

摘錄登記事項如下

團體名稱：財團法人褚林貴教育基金會

設立宗旨：以提升新竹市教育品質、充實新竹市教育資源為宗旨。

設立日期：民國一〇一年一月十八日

設立地址：新竹市綠水路42號8樓之2

董事長：褚林貴

核准設立文號：（101）府教社字第六〇六六號

許可證書號：（101）竹市教社字第一〇八號

市長許明財

華民國10[illegible]月18日

褚林貴教育基金會設立許可證

3. 褚林貴教育基金會在facebook上之Logo

褚林貴教育基金會在facebook上之Logo頗具意義，上面有母親的親筆書寫字跡，當時她老人家已經是九十六歲高齡。

褚林貴教育基金會在facebook上之Logo

4. 新竹市政府感謝狀

褚林貴教育基金會設立之後，連續兩年(民國一〇二年及一〇三年)，榮獲新竹市許明財市長親頒的市政府感謝狀。

新竹市政府感謝狀

府教社字第1020018669號

財團法人褚林貴教育基金會
推廣教育活動不遺餘力
熱心社會公益愛心懷幼
特頒此狀以表謝忱

市長許明財

中華民國102年2月25日

▌新竹市政府感謝狀（民國102年）

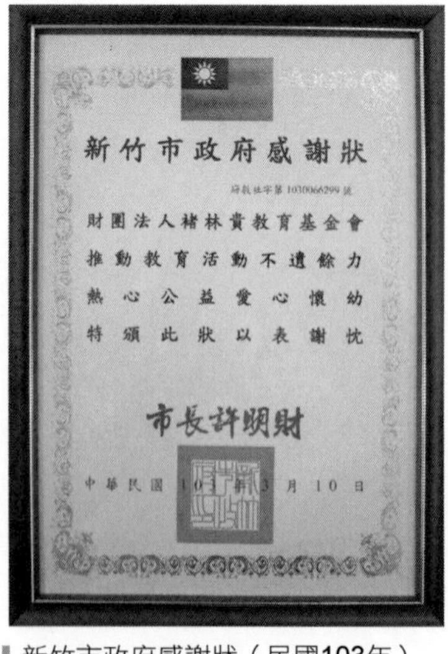
新竹市政府感謝狀

府教社字第1030066299號

財團法人褚林貴教育基金會
推動教育活動不遺餘力
熱心公益愛心懷幼
特頒此狀以表謝忱

市長許明財

中華民國103年3月10日

▌新竹市政府感謝狀（民國103年）

5.代替母親領取許明財市長親頒的新竹市政府感謝狀

民國一〇二年及一〇三年連續兩年，褚林貴教育基金會皆榮獲新竹市許明財市長親頒的市政府感謝狀。由於母親行動較不方便，因而，都由我代替她老人家至市政府領取，身為她的兒子，我也與有榮焉。

▌代替母親領取新竹市政府感謝狀（民國102年）

▌代替母親領取新竹市政府感謝狀（民國103年）

附錄二　「話我九五老母——花甲么兒永遠的母親」讀者回應摘述

自前一本拙作「話我九五老母——花甲么兒永遠的母親」出版之後，頗受大家好評，而且，不少親朋好友及讀者們，亦極力鼓勵我能夠繼續著墨與母親相關的下一本書籍。

於此，特將部份親朋好友及讀者們的讀後心得、感言、或來函等回應，從中挑出一些較具代表性的內容，摘錄於本附錄中，藉此做為本書讀者們的參考，以及對我個人的鼓勵與鞭策。

1. 新竹市長許明財先生來函嘉勉

「話我九五老母——花甲么兒永遠的母親」出版之後，褚林貴教育基金會將此書分贈給新竹市的各級學校圖書館，同時，亦贈送給新竹市長許明財先生，不久，即獲其來函特予嘉勉，深表榮幸之至。

宗堯博士雅鑒:

承蒙贈與「話我九五老母」一書，拜讀之後，至深銘感。

書中描述您與母親之間深厚的宿世情緣，文筆自然真實，誠如您所述，花甲之年還有一位高齡九五的老母親可以孝順，真是一生中最大與最難得的福報，孝心令人動容，實可做為一般社會發揚親情與孝道的範例。

教授不論在教育或文化等各領域，均有非凡的成就，身為新竹人的您，堪稱新竹人的驕傲與表率，感佩之餘，僅修寸楮，掬誠馳謝。耑此

敬頌

祺安

新竹市長許明財 敬上

102 年 03 月 06 日

新竹市長用箋

新竹市許明財市長來函

2. 羅育新老先生手札

羅育新先生年近九十歲高齡，多年前，某次我和妻在獅頭山獅尾的藤坪山莊，與羅老先生夫妻倆邂逅。雖是初次謀面，彼此卻相談甚歡。尤其，他在獲悉我喜好寫作，我當場並送他兩本已出版的拙作之後，老先生竟然也慷慨地回贈了我一塊與他隨身佩戴多年的珍貴古玉。

其後，我們經常書信往返，而成為難得的忘年之交。能夠與羅老先生結此善緣，真是我的榮幸。

以下，特摘述一些羅老先生對「話我九五老母——花甲么兒永遠的母親」拙作的性情感言及回應，做為留念。

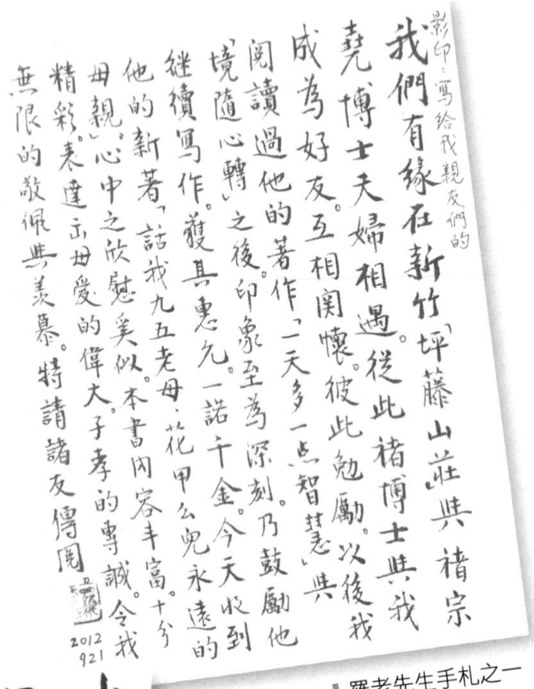
影印寫給我親友們的
我們有緣在新竹「坪藤山莊」與禇宗堯博士夫婦相遇。從此禇博士與我成為好友。互相関懷。彼此勉勵。以後我閱讀過他的著作「一天多一點智慧」與「境隨心轉」之後。印象至為深刻。乃鼓勵他繼續寫作。獲其惠允。一諾千金。今天收到他的新著「話我九五老母、花甲么兒永遠的母親」。心中之欣慰莫以。本書內容丰富。十分精彩。表達出母愛的偉大。子孝的專誠。令我無限的敬佩與羨慕。特請諸友傳閱
2012 921

羅老先生手札之一

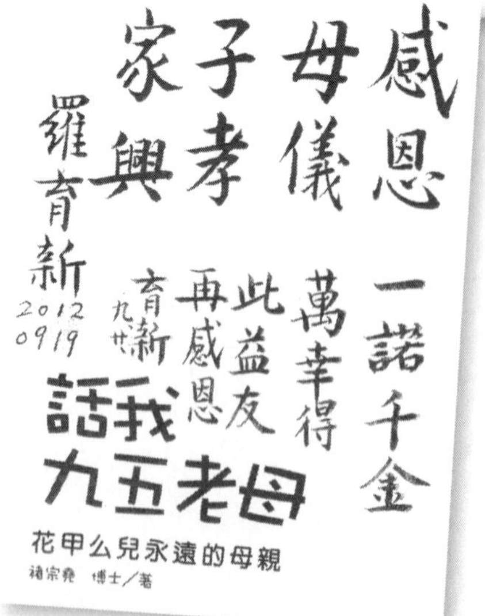
感恩
母儀
子孝
家興
羅育新
2012 0919
一諾千金
萬幸得
此益友
再感恩
育新 九廿
話我九五老母
花甲么兒永遠的母親
褚宗堯 博士／著

羅老先生手札之二

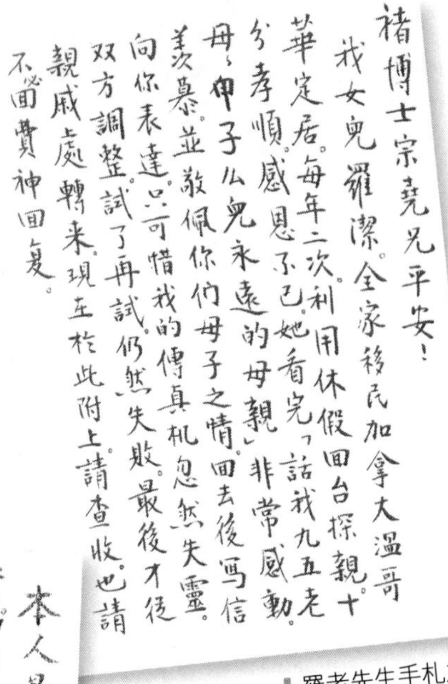

褚博士宗堯兄平安！
我女兒羅潔。全家移民加拿大溫哥華定居。每年二次。利用休假回台探親。十分孝順。感恩不已。她看完「話我九五老母、甲子么兒永遠的母親」非常感動。羨慕。並敬佩你們母子之情。回去後寫信向你表達。只可惜我的傳真机忽然失靈。双方調整。試了再試。仍然失敗。最後才從親戚處轉來。現在於此附上請查收。也請不吝費神回复。

羅老先生手札之三

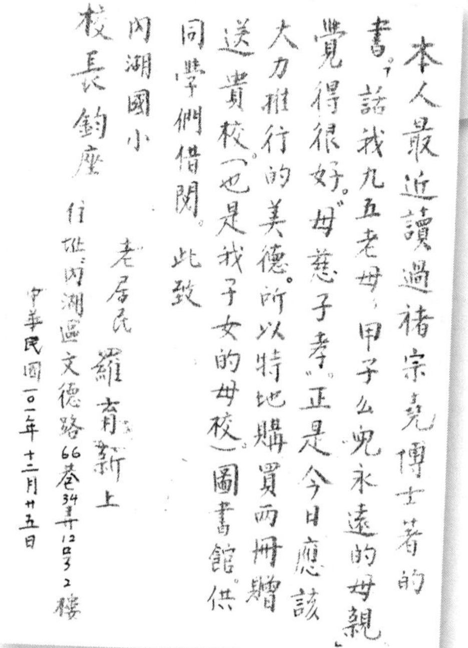

本人最近讀過褚宗堯博士著的書「話我九五老母、甲子么兒永遠的母親」覺得很好。"母慈子孝"正是今日應該大力推行的美德。所以特地購買兩冊贈送貴校（也是我子女的母校）圖書館。供同學們借閱。此致

內湖國小

校長鈞座

老居民 羅育新 上

住址：內湖區文德路66巷34弄12號2樓

中華民國一〇一年十二月廿五日

羅老先生手札之四

3.王德仁老先生來函

王德仁先生亦已年近九十歲高齡，這兩年以來，我偶爾於假日載母親至新竹科學園區靜心湖畔散步時，某次與王老先生夫妻倆不期而遇。雖為初次見面，彼此卻甚為投緣，因此幾次之後，與他也竟然成為忘年之交。能得長者如此之厚愛，深感榮幸。

以下為王老先生在看完「話我九五老母——花甲么兒永遠的母親」拙作之後，寫給我的一封信，老先生的肺腑之言，令我感動。

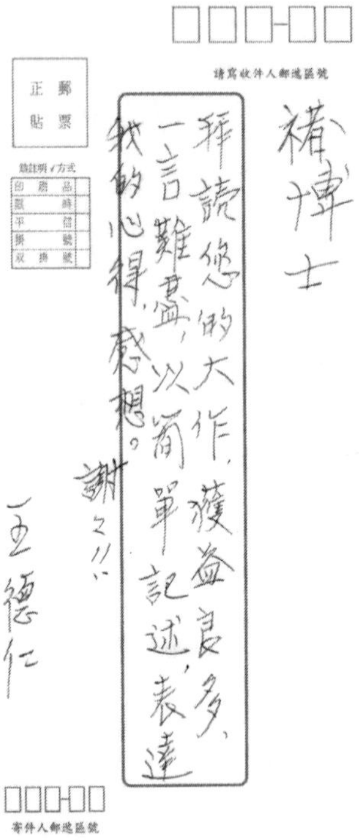

褚博士
拜讀您的大作，獲益良多，
一言難盡，以簡單記述表達
我的心得，感想。
謝謝！
王德仁

王老先生來函信封

No.1

◎ 拜讀您褚博士的大作，獲益良多，茲將我的「閱讀心得」略述於後。

(1) 您对媽的孝順，是真心真意的表現，平常人無法做到，我自認对95岁逝世的母親也很孝順，但比起您的孝順只有兩成而已。

(2) 您外祖父（秀才）加上您媽的聰慧，應該是遺傳到您們子孫，難怪所有子孫均那麼優秀聰明。

(3) 您媽從小辛苦，刻苦耐勞又沒半句怨言，好比「日本電影的阿信」，應該可拍一部「母子情深」的電影，讓現在的年輕人觀賞。

(4) 您媽小时候到出嫁，經过了「連」，送給「林」又做「蔡」家養女，20岁再嫁到「褚」家，經过四個姓氏，可能打破記錄。

(5) 有一次舅舅想帶回您媽，如真帶回，也許您们的處境、家况又是不一樣。

(6) 我太太也有过因幫家計作过「[illegible]」的工作，因过勞得过肺病，治療一段時日。但您媽喝过綠豆湯、竹筍[illegible]，應該更勞累、更辛苦，真佩服她耐性。

王老先生來函p1

No.2

(7) 您的文筆很俐落，对母親的孝順寫的很感人，越讀越想流出眼淚。

(8) 80岁到北歐，85岁还二次去上海，86岁到日本及北海道，媽一路走来还趕得上，又沒露疲倦之意，真是您媽的福氣，也很佩服您有勇氣帶去，真不容易。

(9) 現在的社会，有孝順之人不少，也有有心帶老母出國，但條件不容許，比如：①經濟做不到 ②本身或老母身体不行 ③環境不容許 ④家庭不美滿等等。所以您的行動完全排除了这些條件，做的真美滿，是做子女的好榜樣，真佩服!!

(10) 所有出國旅遊时，您媽說：「不累」「好吃」「好高興」「好快樂」，其實我猜80多岁的老人家其實一定会累，也会有勉強完成之使命感，她的表現，完全是感謝您的心，不讓您失望的老母心，您媽真的不一樣就是不一樣，真聰明。

(11) 看您媽的所有照片，每一張均微笑慈祥的表情，有点像活觀音。

王老先生來函p2

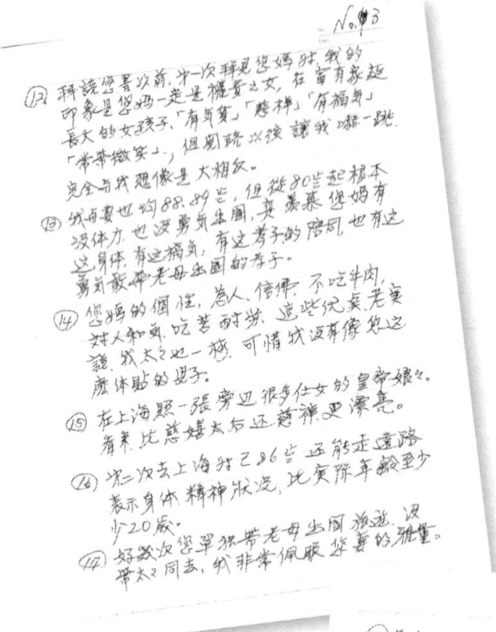

No.3

⑫ 拜讀您書以前，第一次拜見您媽時，我的
印象是您媽一定是權貴之女，在富有家庭
長大的女孩子、「有氣質」「慈祥」「有福氣」
「常帶微笑」，但閱讀以後讓我嚇一跳，
完全與我想像是大相反。

⑬ 我與妻也均88、89歲，但從80歲起根本
沒体力也沒勇氣出國，真羨慕您媽有
這身体，有這福氣，有這孝子的陪同，也有這
勇氣敢帶老母出國的孝子。

⑭ 您媽的個性，為人、信佛，不吃牛肉，
對人和氣，吃苦耐勞，這些優點老實
說，我太太也一樣，可惜我沒有像您這
麼体貼的兒子。

⑮ 在上海照一張旁邊很多仕女的皇帝娘娘。
看來比慈禧太后還慈祥更漂亮。

⑯ 第二次去上海時已86歲，還能走遠路
表示身体精神狀況，比實際年齡至少
少20歲。

⑰ 好幾次您單獨帶老母出國旅遊，沒
帶太太同去，我非常佩服您妻的雅量。

王老先生來函p3

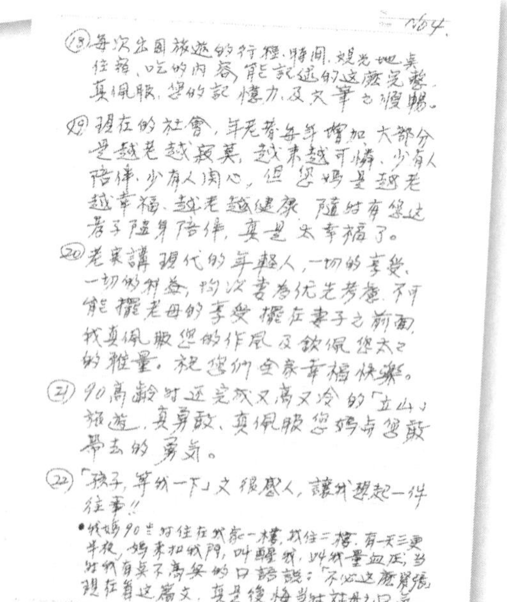

No.4.

⑱ 每次出國旅遊的行程、時間、觀光地點
住宿、吃的內容能記述的這麼完整，
真佩服，您的記憶力及文筆之優暢。

⑲ 現在的社會，年老者每年增加，大部分
是越老越寂寞，越來越可憐，少有人
陪伴，少有人關心，但您媽是越老
越幸福，越老越健康，隨時有您這
孝子隨身陪伴，真是太幸福了。

⑳ 老實講現代的年輕人，一切的享受、
一切的利益，均以妻為優先考慮，不可
能擺老母的享受擺在妻子之前面，
我真佩服您的作風及欽佩您太太
的雅量。祝您們全家幸福快樂。

㉑ 90高齡時還完成又高又冷的「立山」
旅遊，真勇敢、真佩服您媽與您敢
帶去的勇氣。

㉒ 「孩子，等我一下」文很感人，讓我想起一件
往事!!
● 我媽90歲時住在我家一樓，我住二樓，有一天三更
半夜，媽來扣我門，叫醒我，以我量血压，当
時我有點不高興的口語說：「不必這麼緊張」
現在看這篇文，真是後悔当時對母之口氣。

王老先生來函p4

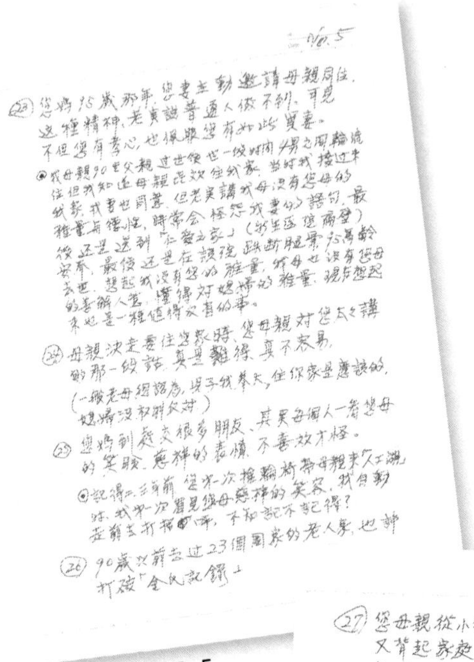

No.5

㉓ 您媽75歲那年，您妻主動邀請母親同住，這種精神，老實說普通人做不到，可見不但您有孝心，也佩服您有如此賢妻。

◉ 我母親90歲父親過世後也一段時間兒子之間輪流住，但我知道母親想要住我家，當時我接過來，我妻也同意，但老實講我母沒有您母的雅量有德性，時常會抱怨我妻的話句，最後還是送到「仁愛之家」（新生醫院病房）安享，最後還是在該院跌斷腿骨，95高齡去世。想起我沒有您的雅量，我母也沒有您母的善解人意，懂得對媳婦的雅量，現在想起來也是一種值得反省的事。

㉔ 母親決定要住您家時，您母親對您太太講的那一段話，真是難得，真不容易，（一般老母認為，兒子我養大，住你家是應該的，媳婦沒權利反對）

㉕ 您媽到處交很多朋友，其實每個人一看您母的笑臉、慈祥的表情，不喜歡才怪。

◉ 記得二三年前，您第一次推輪椅帶母親來「人工湖」時，我第一次看見您母慈祥的笑容，我自動走前去打招呼，不知記不記得？

㉖ 90歲以前去過23個國家的老人家，也許打破「全民記錄」。

王老先生來函p5

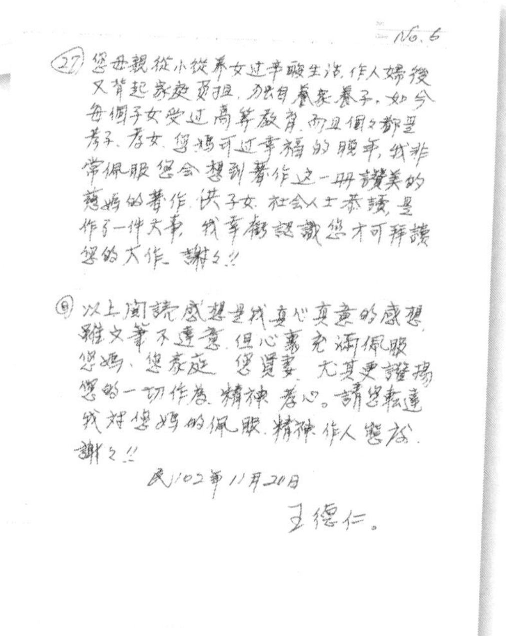

No.6

㉗ 您母親從小從養女過辛酸生活，作人媳後又背起家庭負担，力出自養家養子，如今每個子女受過高等教育，而且個個都是孝子、孝女，您媽可過幸福的晚年，我非常佩服您會想到著作這一冊讚美的慈媽的著作，供子女、社會人士恭讀，是作了一件大事，我幸虧認識您才可拜讀您的大作，謝謝!!

⑨ 以上閱讀感想是我真心真意的感想，雖文筆不達意，但心裏充滿佩服您媽、您家庭、您賢妻，尤其更讚揚您的一切作為、精神、孝心。請您轉達我對您媽的佩服、精神作人態度。謝謝!!

民102年11月20日

王德仁。

王老先生來函p6

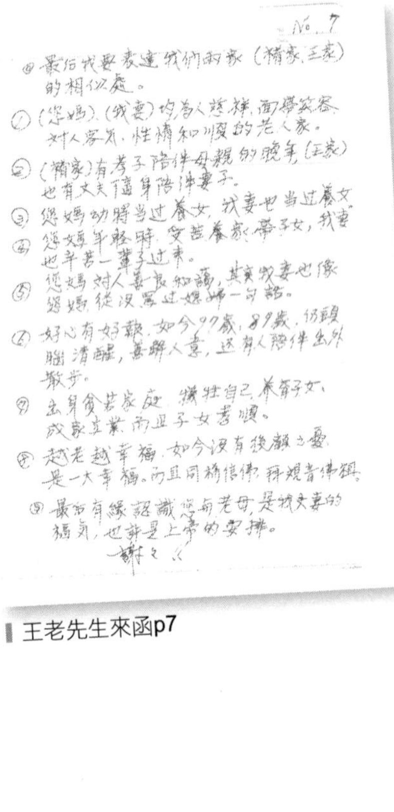
No. 7

⑩ 最后我要表達我們兩家（蒲家、王家）的相似處。

① （您媽）、（我妻）均為人慈祥，面帶笑容，對人客氣，性情和順的老人家。

② （蒲家）有孝子陪伴母親的晚年（王家）也有丈夫隨身陪伴妻子。

③ 您媽幼時當过養女，我妻也当过養女

④ 您父母年輕時，受苦養家帶子女，我妻也辛苦一輩子过來。

⑤ 您媽對人善良和藹，其實我妻也像您媽從沒罵过媳婦一句話。

⑥ 好心有好報，如今97歲，89歲，仍頭腦清醒，善解人意，还有人陪伴出外散步。

⑦ 出身貧苦家庭，犧牲自己，養育子女，成家立業，而且子女孝順。

⑧ 越老越幸福，如今沒有後顧之憂，是一大幸福。而且同樣信仰拜觀音佛祖。

⑨ 最后有緣認識您的老母，是我夫妻的福氣，也許是上帝的安排。

謝々！！

王老先生來函p7

4. 陳智龍校長來函

陳智龍先生為新竹市朝山國小的校長，在看完褚林貴教育基金會贈送給朝山國小的「話我九五老母——花甲么兒永遠的母親」拙作之後，頗受感動之餘，特別以e-mail寫了底下這封信，希望能夠邀請我至朝山國小演講。

我深受其真誠所感動，遂於當年的母親節前夕，專程到他的學校進行了一場親子講座。

致諸家大哥們：

我是新竹市朝山國小校長陳智龍，日前接獲郵寄大作，原預計配合教育部「家庭教育年」之主題隨性閱覽，但從序文起即受感動一口氣拜讀，也在今晨主任會報與夥伴們分享。謝謝您們風行草偃的孝親大愛，這將溫暖我們的普羅人心。

若有機緣可否邀請至本校進行一場親子講座，讓郊區的家長與孩子們有個典範學習，我衷心企盼著。

無祿受書，謹以賢昆仲名諱題聯如后：

酌金饌「煜」「夫」貴妻榮
金相玉「式」「鈞」天廣樂
「炳」如日星「麟」子鳳雛
耀祖榮「宗」日舜天「堯」

末學　智龍敬上

母親，慢慢來，我會等您

作　　者 / 褚宗堯
責任編輯 / 羅加宜
圖文排版 / 賴英珍
封面設計 / 陳佩蓉

出 版 者 / 財團法人褚林貴教育基金會
網　　址 / http://www.facebook.com/chulinkuei
印　　製 / 秀威資訊科技股份有限公司
114台北市內湖區瑞光路76巷65號1樓
電話：+886-2-2796-3638　傳真：+886-2-2796-1377
http://www.showwe.com.tw

ISBN 978-986-88653-1-0
2014年5月　POD一版
定價：370元

國家圖書館出版品預行編目

母親, 慢慢來, 我會等您 / 褚宗堯作. -- 一版. -- [新竹市] : 褚林貴教育基金會, 2014.05
面；　公分
POD版
ISBN 978-986-88653-1-0 (平裝)

1. 家庭倫理 2. 母親

193　　103007896